企业新维度
A New Dimension in Enterprise
重构经营之道
Redefining Your Business

陈湛匀 ◎ 著

打破思维的枷锁
让管理精准赋能

企业管理出版社
EMPH ENTERPRISE MANAGEMENT PUBLISHING HOUSE

图书在版编目（CIP）数据

企业新维度：重构经营之道 / 陈湛匀著 .—北京：企业管理出版社，2020.10
ISBN 978-7-5164-2221-2

Ⅰ.①企…　Ⅱ.①陈…　Ⅲ.①企业经营管理　Ⅳ.① F272.3

中国版本图书馆 CIP 数据核字（2020）第 184414 号

书　　名：	企业新维度：重构经营之道
作　　者：	陈湛匀
责任编辑：	侯春霞
书　　号：	ISBN 978-7-5164-2221-2
出版发行：	企业管理出版社
地　　址：	北京市海淀区紫竹院南路 17 号　　邮编：100048
网　　址：	http://www.emph.cn
电　　话：	发行部（010）68701816　　编辑部（010）68420309
电子信箱：	zhaoxq13@163.com
印　　刷：	河北宝昌佳彩印刷有限公司
经　　销：	新华书店
规　　格：	710 毫米 ×1000 毫米　　16 开本　　12.5 印张　　151 千字
版　　次：	2021 年 1 月第 1 版　　2021 年 1 月第 1 次印刷
定　　价：	59.00 元

版权所有　翻印必究　印装有误　负责调换

前言

2019年，笔者在清华大学山西省优秀董事长研修班讲课时，近百位企业家纷纷表示渴望获得企业活得好、活得长的秘籍。2020年初的黑天鹅事件——新冠肺炎疫情，给全球经济带来了深刻影响。笔者在北京大学、法国蒙彼利埃大学EMBA、比利时列日大学HEC列日高商、瑞士EU商学院等院校讲课时，深深感受到企业家期待突出重围、战胜疫情的那份心情，这是笔者写这本书的缘起。

本书从新的维度挖掘企业活得精彩的经营之道，阐释企业做大、做久、做强的真谛。全书力求用最通俗易懂的话语讲述最实用专业的知识，使读者系统且全面地了解企业的生存之道。书中还有丰富经典的企业案例可以帮助读者加深对专业知识的理解，给予读者更多思考和发现信息的途径。

全书共有七个部分，分别论述企业战略、市场选择、产品价值、竞争战略、商业模式和营销模式、资本运作、成功团队的打造。

细心的读者会发现，本书的各个部分环环相扣，对企业而言缺一不可，涵盖企业运营的全周期。首先是企业战略部分——"企业家走土路还是跑高速"。战略是企业的发展导向，正确的、适宜的战略可以帮助企业走得更快，走得更精彩。

确定了企业战略，企业家便要缩小范围选择合适的市场——"企业家如何选择市场"。这要求企业家具备四个方面的认知：一是对经济周期、反周期、拐点的判断，捕捉企业在各个时期的发展机遇，找准弯道超车的良机；二是对行业集中度的分析，如果处在集中度迅速上升的行业，就要迅速增加投资，而如果行业集中度稳定，就应该实行差异化策略，通过细分市场做大企业；三是要通过细分目标群体，确定细分市场，明确市场定位；四是判断企业在市场中是否处于领导地位、对市场价格是否具有较强的影响、盈利能力是否高于行业平均水平等，从而明辨企业的市场优势，把握企业的转折点。

市场确定后，企业下一步就要打磨产品——"产品黄金价值和企业三大匹配"。书中提到了产品的三大黄金价值，即拳头产品、产品包装和企业服务。但是仅仅明确产品的三大黄金价值还不够，企业要舍得花时间和成本去提升核心技术，不断对拳头产品和服务进行开发和升级，丰富、更新拳头产品的卖点，延长产品、品牌的寿命，形成专业化的优势。书中提到企业的三种技术研发模式，即自主研发、模仿改良与合作创新，企业可以根据自身实力和战略导向综合选择适合的技术研发模式。如果企业想要产品具有更长更稳定的经营周期，以便获得的利润可以弥补企业在设计、推出和创新该产品时所付出的成本和承担的风险，更好地制定相应的产品迭代和运营策略，还需要对产品的生命周期、市场的生命周期以及企业的生命周期有一定的了解，也就是企业的三大匹配。

有了市场和产品，竞争便不可或缺——"企业五大竞争武器及产品定位深化和创新"。古语说，"知己知彼，百战不殆"。因此，企业家要首先对五种竞争力量有一个清晰的认识。还要明确自身的竞争对手是谁，明确直接竞争对手、间接竞争对手和潜在竞争对手。下一步就是要选择合适的竞争战略，即书中提到的"五大竞争武器"，包括低成本领先战略、差异化竞争战略、目标集中战略、资源导向战略以及价值创新战略。但是企业家要清楚，企业并不是要打败所有的竞争对手，而是要通过对竞争对手的分析，更加精准、全方位地了解客户的需求和市场发展的方向，差异化产品、服务和品牌，从而达到避开低层次竞争、建立位置优势的目的。书中提到了五大差异化，它们是产品定位深化战略的基础。通过五大差异化，企业可以获得期望产品、附加产品、部分潜在产品的利润。而前面提到的五大竞争武器，主要针对目标市场，意在获得核心产品、基础产品、部分期望产品的利润。差异化的最终目的是实现产品定位创新，也就是通过理念再造、产业制胜战略获得潜在产品、更新产品、全新产品的利润。

明确了战略、市场、竞争、产品和服务后，再加上营销模式，企业的商业模式就基本成型了。近几年，依托O2O、移动互联网技术的商业模式创新风起云涌，形成了平台模式、租赁模式和社区模式。随着商业模式的创新，营销也出现了新的模式，如数字化精准营销、社交媒体营销、内容营销等。"万变不离其宗"，营销模式的创新自然也离不开营销的精髓——4P营销理论（包括产品、价格、渠道和推广），以及4C营销理论、4R营销理论。书中提到企业的营销要更加注重客户情感的满足，与客户在生活和情感层面建立联系。这就需要对客户进行梳理分类，针对不同类别客户的痛点和价值需求，采取不同的营销策略。

最后还有贯穿企业整个生命周期的两个重要因素——"资本"和"团队"。针对融资，书中提出了企业在不同发展阶段可以考虑的融资方式，如天使投资、风险投资、私募股权基金和上市等。对于一些已经使用了较多股权融资，但仍有很大资金需求的企业来说，可以考虑债务融资方式，特别是夹层融资。但考虑到国内融资方式有限，企业可以将自己的融资视野投向境外，利用国际融资这一有效途径来解决企业当前存在的融资困难。书中介绍了境外上市的三种模式，分别为红筹模式、VIE模式、期权模式。书中还分析了多种兼并收购的方法，如横向并购、纵向并购、混合并购、买壳上市、管理层收购、敌意收购等，并选取经典案例对并购策略进行诠释。特别是浙民投天弘收购ST生化的案例，将敌意收购的一波三折、敌意收购和反收购的应对策略以及最后收购过程的反转描述和解析得非常详细。这次并购是中国资本市场上第一个以公开要约的形式取得上市公司控制权的案例，也是中小股东参与公司治理的典型案例。

企业的发展自然少不了人——"打造强大的团队"。书中提出了非常形象经典的唐僧师徒团队模式，介绍了成功团队的角色组成。本书还介绍了笔者自创的绩效透视方法，主要包括三部分内容：先是射击理论（数字目标），即企业要成功，必须要明确设定目标，把每年的目标分解成具体的数字，由下至上制定目标；再就是长枪理论，表达的是执行力的问题；最后是赛马理论（电网奖惩），即企业要奖惩分明，设立"电网"，即最低极限标准。对于团队执行力的问题，书中提到了"领导3+3模式"。其含义是管理者要经常问下属三句话，这包括高管对中层、中层对基层，即要求管理者有换位思考的能力，为员工考虑；同时要问自己三句话，这是对管理者自身执行力的考核和检验。

接下来，笔者还想就企业家实战时如何辩证地处理好一些具体问题提出一些看法。

企业家不仅应该思考企业如何"活下来"，还应该考虑企业如何"活得久"。从"活下来"到"活得久"的蜕变不是一蹴而就的，企业在这个过程中需要处理诸多的矛盾。

首先是企业战略问题。我们都知道战略对于企业发展的重要性，没有清晰的战略，企业将无法做强做大。但是企业在创立初期，可能是混沌初开，没有思路，所以对于创业企业而言，清晰的战略不可能一步到位，企业一定要有战略耐性，谋定而后动，先做自己熟悉和擅长的领域。当然随着市场和企业的发展，企业战略也要调整和改变，从而在不断的调整中逐渐清晰。另外，成熟的企业不仅要有清晰的战略，还要始终保持在战略上领先一步，这就需要不断地创新，满足人们的需求，肩负起社会责任。

其次是企业如何设计好商业模式和盈利模式。我们知道，拥有一个好的商业模式和盈利模式可以帮助企业抓住发展机遇，实现跨越式大发展。但是初创企业也许没有清晰的商业模式和盈利模式，此时企业需要经常思考影响盈利模式定位的关键因素，如区域、资源、市场竞争等，在确定商业模式初期，必须要搞清楚一些关键问题，包括：你的核心资源是什么，也就是你拥有什么、你是谁；你的关键业务是什么，也就是你要做什么；你的价值主张是什么，也就是你怎样帮助他人；你的客户关系是什么，也就是你如何与他人打交道；你的客户细分是什么，也就是你能够帮助谁；你的成本结构是什么，也就是你要付出什么；你的重要合作伙伴是谁，也就是谁可以帮助你；你的营销渠道是什么，也就是你怎样宣传自己；你的盈利来源是什么，也就是你能够得到什么。这些问题都是企业在明确商业模式和盈利模式的过程中需要经常思考和研究的。处于不同发展阶段的企业应当采用不同的商业模式，企业家要根据企业当前所处的发展阶段，思考商业模式的适用性和即时性，在经营的过程中，不断验证和创新，主动迎合时代发展的新趋势，从而为企业的发展提供强大的动力源泉，使企业长期处于不败之地。

再次是企业在发展过程中对于聚焦和边界的权衡。企业聚焦是关键，特别是对于刚刚进入市场的初创企业而言，在资本底子不足、技术水平不甚完善时，切不可急于求成，贪大求全，而应通过聚焦逐步形成自身的专业化优势。但聚焦并不代表墨守成规，企业发展到成熟阶段时要不断进化，不要过多地在乎边界，而要在乎核心竞争力。如果突破边界能增加核心竞争力，使企业切实贴近消费者多变的需求，那么就是值得的。例如，阿里巴巴早期做的是贸易，追求"让天下没有难做的生意"，但是在过去的这些年里，阿里巴巴的边界在不断变化，如天猫、蚂蚁金服、菜鸟物流、新零售，这实际上就是不断地进行自我变革，以跟上这个时代的步伐。企业最好的"城墙"和"护城河"就是不断地进行自我迭代，保持拳头产品和服务的核心竞争力，以抵御竞争者的进攻，因此企业家需要反思所做的事是否有助于增加企业的核心竞争力。

最后是对企业执行力的权衡。大家知道企业的执行力很关键，但是太偏了又会丢失机会，这种教训不少。这就需要企业正确判断经济周期，洞察行业发展的周期性节点，在提高执行力的同时，采取扩大产出或者缩小规模等预见性措施，在执行中加强过程控制，通过不断的跟进和有计划的检查来保证执行力的效率，及时发现问题，抓住机遇。

对于企业而言，要"转好型"。产业的转型升级要跟上时代发展的趋势。企业家需要逐渐把投资经营的重心从传统经济转移到数字经济，重构产业，依托工业互联网大力发展面向制造业的服务，促进中国制造提质升级，巩固和做强产业链、供应链。数字经济不仅可以赋能制造业，对于内需的拉动也是巨大的，有助于创新国内消费和销售模式，促进国内经济内循环。

对于投资人而言，要"投正业"。穿越周期，捕捉最新技术和动向，是投资人实现收益最大化的关键。这就需要投资人正确判断经济周期，洞察行业发展的周期性节点。在数字经济背景下，互联网、5G、人工智能、医药、健康产业正呈现出前所未有的发展空间和机遇，这都是需要投资人重点关注的领域。

强生公司创始人罗伯特·约翰逊说过，激发创新的主要元素，一是容忍错误，二是支持冒险与变革。未来企业的出路就是创新，而科技创新是重中之重，就如未来学家托夫勒所说的，战略经常会过时，终极目标则不会。通过科技赋能，让消费者的生活变得更加美好也许就是目标。除了关注产业层面的策略外，企业还应重视资本市场的大环境。目前，科创板和创业板从审批制向注册制转轨的过程就是专业和价值回归的过程，那么新形势下上市公司的市值管理也就成为上市公司无法回避的新内容。上市公司市值管理的关键在于实现市场价值与内在价值的吻合，未来市值管理也将成为上市公司的一项战略管理任务。

企业家不仅要学会使用合法合规的专业工具，而且要善于把握经济发展趋势和国家政策。对于政府而言，笔者建议出台更加优惠的政策，让技术与资本形成有效对接，让创业者成功地找到投资家；建议出台更多的扶持措施，让先进技术实现产业化，提高成果转化效率，实现真正的科技与经济深度融合。

在产业转型、体制转轨、市场换道的时代，必将涌现出一批指数级增长的公司，出现新生代的商业领袖和"独角兽"，这是时代赋予的机会。

在本书付印之际，对在案例整理中给予笔者帮助的尚倩倩表示谢意，对企业管理出版社表示由衷的感谢。

由于笔者水平有限，书中可能存在不当或错误之处，恳请读者不吝指正。

陈湛匀

2020 年 10 月

目录

引言　企业家走土路还是跑高速 …………………………… 1

第一章　企业家如何选择市场 ……………………………… 4

　第一节　经济周期、反周期、拐点判断 ………………… 4
　　一、经济周期 …………………………………………… 4
　　二、反周期 ……………………………………………… 6
　　三、拐点判断 …………………………………………… 8
　第二节　行业集中度分析 ………………………………… 9
　　一、行业集中度与行业机会 …………………………… 9
　　二、行业曲线 …………………………………………… 10
　第三节　市场定位 ………………………………………… 14
　　一、细分市场 …………………………………………… 15
　　二、目标市场 …………………………………………… 16
　　三、市场定位 …………………………………………… 17
　第四节　机会转折点 ……………………………………… 19
　　一、企业地位分析 ……………………………………… 19
　　二、企业转折点 ………………………………………… 22
　　案例分析：三只松鼠的成功之路 ……………………… 22

第二章　产品黄金价值和企业三大匹配 …………………… 25

　第一节　产品定位 ………………………………………… 25

一、第一大黄金价值：拳头产品 …………………………… 25

案例分析：北汽越野不断打造拳头产品 …………………… 26

二、第二大黄金价值：产品包装 …………………………… 27

三、第三大黄金价值：企业服务 …………………………… 29

第二节 产品技术创新 ……………………………………… 30

一、技术研究学派 …………………………………………… 30

二、技术研发模式 …………………………………………… 30

案例分析：阿里云的自主研发之路 ………………………… 31

案例分析：汉能移动能源的技术创新之路 ………………… 33

案例分析：海信的自主研发与技术创新合作 ……………… 35

第三节 产品生命周期、市场生命周期、企业生命周期 …… 36

一、产品生命周期 …………………………………………… 36

二、市场生命周期 …………………………………………… 37

三、企业生命周期 …………………………………………… 38

案例分析：IBM的四次战略转型 …………………………… 39

第三章 企业五大竞争武器及产品定位深化和创新……… 41

第一节 企业竞争力分析 …………………………………… 41

一、竞争的五种力量 ………………………………………… 41

二、竞争对手分析 …………………………………………… 43

案例分析：美的与格力的角逐 ……………………………… 44

第二节 五大竞争武器 ……………………………………… 45

一、武器一：低成本领先战略 ……………………………… 46

案例分析：娃哈哈的低成本领先战略 ……………………… 46

案例分析：沃尔玛的低成本控制政策 ……………………… 47

二、武器二：差异化竞争战略 …………………………… 49

　　案例分析：五谷道场推出非油炸方便面 ………………… 51

　　案例分析：农夫果园推出混合果汁 ………………………… 52

　　三、武器三：目标集中战略 ………………………………… 53

　　案例分析：巴奴的目标集中战略 …………………………… 54

　　四、武器四：资源导向战略 ………………………………… 55

　　案例分析：保时捷的资源导向战略 ………………………… 55

　　案例分析：捷蓝航空的资源导向战略 ……………………… 56

　　五、武器五：价值创新战略 ………………………………… 57

　　案例分析：农夫山泉的价值创新战略 ……………………… 57

第三节　企业产品定位深化和创新 ………………………………… 59

　　一、产品定位深化 …………………………………………… 59

　　案例分析：Keep 的产品定位深化 …………………………… 60

　　二、产品定位创新 …………………………………………… 62

第四章　商业模式和营销模式 …………………………………… 64

第一节　商业模式研究 ……………………………………………… 64

　　一、平台模式 ………………………………………………… 67

　　案例分析：Airbnb 的商业模式 ……………………………… 68

　　二、租赁模式 ………………………………………………… 69

　　案例分析：易点租的办公设备租赁服务 …………………… 70

　　三、社区模式 ………………………………………………… 72

　　案例分析：盒马鲜生的社区服务 …………………………… 73

第二节　市场营销 …………………………………………………… 76

　　案例分析：鹿客智能锁的营销策略 ………………………… 77

  一、数字化精准营销 ……………………………………… 78
  案例分析：雅戈尔向数字化营销转变 …………………… 78
  二、社交媒体营销 ………………………………………… 79
  三、内容营销 ……………………………………………… 80
  案例分析：江小白的内容营销 …………………………… 81
  四、网红营销 ……………………………………………… 82
 第三节 客户分类 …………………………………………… 83
  一、客户分类二八法则 …………………………………… 83
  案例分析：Costco 的会员制服务 ………………………… 85
  二、销售模式 ……………………………………………… 86
 第四节 服务增值 …………………………………………… 92
  一、服务增值理论 ………………………………………… 92
  二、服务增值实务 ………………………………………… 93
  案例分析：沃尔玛山姆会员店 …………………………… 95

第五章 企业家如何进行资本运作 …………………… 98

 第一节 现金流掌控 ………………………………………… 98
  一、现金流周转 …………………………………………… 98
  二、现金流常见问题 ……………………………………… 100
  三、管理现金流的三大技巧 ……………………………… 101
  案例分析：三钢闽光的强劲现金流 ……………………… 102
 第二节 股权融资 …………………………………………… 104
  一、天使投资 ……………………………………………… 104
  二、风险投资 ……………………………………………… 105
  三、私募股权基金 ………………………………………… 108

案例分析：小红书的融资历程 ………… 110
　　四、企业上市 ………… 112
　　案例分析：小米的股权融资之路 ………… 115
第三节　债务融资 ………… 118
　　一、债务融资的作用 ………… 118
　　二、债务融资风险和应对 ………… 120
　　案例分析：恒大的债务融资 ………… 121
　　三、夹层融资 ………… 123
　　案例分析：华夏幸福的融资策略 ………… 124
第四节　资产证券化 ………… 128
　　一、资产证券化的结构 ………… 128
　　二、资产证券化的分类 ………… 134
第五节　国际融资模式 ………… 135
　　一、红筹模式 ………… 136
　　二、VIE（协议控制）模式 ………… 137
　　三、期权模式 ………… 139
第六节　兼并收购 ………… 140
　　一、横向并购 ………… 142
　　案例分析：美克家居的横向并购 ………… 143
　　二、纵向并购 ………… 144
　　三、混合并购 ………… 145
　　案例分析：恒大通过多元并购进军新能源汽车领域 ………… 146
　　四、买壳上市 ………… 148
　　案例分析：中公教育的买壳上市之路 ………… 148
　　五、管理层收购（MBO） ………… 150

V

案例分析：耀世星辉的管理层收购 ·············· 151

　　六、敌意收购：熊式拥抱 ····················· 151

　　案例分析：浙民投天弘以 27 亿元收购 ST 生化 ·········· 154

　　七、并购后的企业文化整合 ····················· 159

第七节　资产重组 ··························· 161

　　一、资产配置不合理的重组策略 ··················· 161

　　二、组织架构不合理的重组策略 ··················· 162

　　三、产业结构不清晰的重组策略 ··················· 163

　　四、出现产业空缺或短板的重组策略 ················· 164

　　案例分析：中原特钢的资产重组 ··················· 164

第六章　企业家如何打造强大的团队 ·············· 166

第一节　管理团队 ··························· 166

　　一、管理团队的概念 ······················· 166

　　二、成功团队（唐僧师徒）模式 ··················· 168

第二节　绩效考核的有力工具：绩效透视 ················ 169

　　一、射击理论：数字目标 ····················· 171

　　二、长枪理论：执行力 ······················ 172

　　三、赛马理论：电网奖惩 ····················· 173

第三节　执行力"领导 3+3 模式" ·················· 173

　　一、问下属三句话 ························· 174

　　二、问自己三句话 ························· 174

　　案例分析：华为的人才战略 ····················· 175

参考文献 ······························ 177

引言

企业家走土路还是跑高速

不少企业家都会考虑这样的问题：企业如何活着？如何活得好，活得长呢？企业家需要理性思考，不管他想走土路还是跑高速，战略选择对企业来说至关重要。杰克·韦尔奇说："如果没有做到第一，就要通过战略找到合适的方式成为第一。"本书主要分析企业新维度，阐述企业活得精彩的原理，从1.0—2.0揭秘企业获取高收益的逻辑，那么这就需要从对企业至关重要的战略开始讲起。

制定战略可以把握行业趋势，确定企业发展方向。企业战略的本质就是解决企业的发展问题。为什么有的企业长盛不衰呢？这些企业在经营中，关键的一点是将战略作为企业发展的导向，战略管理有助于企业走得更远。如果没有战略作为发展导向，那么这个企业定如同一只乱窜的无头苍蝇，听风就是雨。今天听到互联网金融火爆，就投身其中；明天听到人工智能是大势所趋，就一拥而上。企业战略帮助企业及时应对环境变化，不断调整企业发展方向，帮助管理者及时抓住机遇，做出改变。

制定战略可以明确发展选择，实现企业理性目标。曾国藩曾说"才根于器"，是指器局决定了一个人才干的大小，而"器"就是战略。企业目标的实现有赖于战略的明确，战略作为一种思维方式，可以帮助管理者提高总揽全局的能力。假如企业有合适的战略定位，就不会迷恋某次机会的得失，因为它学会了从机会思考向战略思考转变，更注重企业长远战略发展。

制定战略可以合理利用资源，发挥企业最大效用。企业战略明确了企业的发展方向，帮助企业合理地组织和配置企业资源，前瞻性地对企业资源的分配做出预案。另外，企业战略的制定和实施还使得企业各部门之间有效合作，协调一致，有助于实现企业资源效用最大化。

美国安索夫与安德鲁斯在1997年出版的《战略管理论》中提出，战略模式是环境和组织的总和。战略模式有稳定型、反应型、先导型、探索型、创造型五种；环境主要有稳定和急剧变动两种；组织则反映信息视野和活动视野的开放性、权力结构、目的等。在三个变量中，环境和组织搭配会产生结合强度和反应速度，这里称为"速率"，而模式和环境合理匹配，会产生"效率"，有"速率"和"效率"就会产生企业效益。

管理大师德鲁克曾经说过"没有战略的企业，就像流浪汉一样无家可归"，每个企业都应该制定企业战略。企业的战略规划通常由企业自主完成，也可以借助专家或专业的管理团队完成。

企业的战略管理通常分为四个步骤：战略分析、战略选择、战略实施和战略调整。战略分析涉及手中的资源、能力、外界环境及远景。每位企业家在开始确定自己企业的未来战略时，都需要分析自己拥有多少资源，所处环境怎么样，能力如何，远景又怎样。战略的选择要考虑是否发挥了企业优势，是否合理利用了机会、克服了劣势、减少了威胁，以及是否能被企业利益相关者接受。战略实施，即将战略转化为行动。战略调整，即企业根据实际的经营环境、新的理念和思维，对战略做出调整，以保证战略的有效性。

那究竟哪些战略是好的，哪些战略是有效的？笔者认为，迈克尔·波特阐述的五个关键点值得我们重视。

（1）独特的价值取向。

（2）为客户精心设计的价值链。

（3）清晰的取舍。

（4）互动性。

（5）持久性。

这五个关键点缺一不可。

第一，企业一定要为顾客提供有价值的服务，特别是具有独特性的服务，能给顾客带来不一样的消费体验，使其他企业无法替代，从而保证一定的客源。

第二，为客户精心设计价值链，价值链包括商品、服务、运输、售后服务等。要使每一个环节都带给顾客宾至如归的感觉，帮助企业建立忠诚度较高的客户群。

第三，企业领导者要有清醒的头脑去分析取舍，不要眉毛胡子一把抓。企业不仅要确定一个重要方向，还要在这个方向做好做精，打造出自己的金牌产品。

第四，要注意与客户的互动，在为客户解决一些问题的同时听取他们的意见，与客户建立良好的互动关系。

第五，企业要想做大做久，必须坚持战略不动摇，故企业要善于从长远的角度来制定战略，以谋求长期持续发展。企业可以选择生态整合战略，如并购整合，将上下游或同类型的品牌进行并购整合，实现联盟的共赢发展。

企业家在确定企业战略之后，就要考虑着手哪个市场"大展身手"了。对于企业家来说，市场的选择和应对不是一件拍拍脑袋就可以决定的事情，下面就让我们一探究竟。

第一章

企业家如何选择市场

不少人开始做企业时,盲目性很大,或者感情用事,或者听信朋友,没有考虑周全便热血沸腾地去干。如果没有通过充分的市场调查去了解各行各业的现状,就盲目投入财力和人力,那么最终一定会惨淡收场。

也许我们都懂得人才和资金是企业的资源,可是不少人会忘了一个最基本且核心的问题:时间是企业最稀缺的资源。这里要强调的是:除了考虑时间是最大的机会成本以外,企业家还要考虑如何选择合适的时间去做合适的投资,"低进高出"是企业投资或成长最简单的道理。但是真正具体到实际操作,不少人就会忘记,很多人在价格低时没有认清局势,不敢投资买入,往往失去了升值的机会。因此,这里先阐述经济周期、反周期、拐点判断。

第一节 经济周期、反周期、拐点判断

一、经济周期

1. 经济周期(Business Cycle)的概念

经济周期也称为商业周期、景气循环,它是指经济运行中出现的经济扩张与经济紧缩交替更迭、循环往复的一种现象。主要表现为国

民收入或总体经济活动扩张与紧缩的交替或周期性波动。

经济周期的波动是很多因素共同作用的结果。首先是供给冲击，如技术进步、自然灾害、战争灾难、世界市场原材料价格的波动等；其次是政府当局的干预，如财政政策、货币政策和汇率政策等；最后是需求冲击，如投资、消费变动所引起的货币、存货、资产支出等改变。

2. 经济周期的特征

经济周期不可避免，它是经济活动总体性、全局性的波动。图1-1表明经济的一个周期由复苏、繁荣、衰退、萧条四个阶段组成，周期的波长由其具体性质决定。其中，在复苏阶段，经济开始从谷底回升，价格也开始逐步回升；在繁荣阶段，投资需求增加，就业增加，消费需求也不断扩张；到了衰退阶段，经济开始出现下滑的端倪，资产价格下跌，企业的收益率也逐渐下降；当衰退严重时，经济会向萧条阶段演进，生产投资急剧减少，总需求水平降低，公众对未来预期悲观。

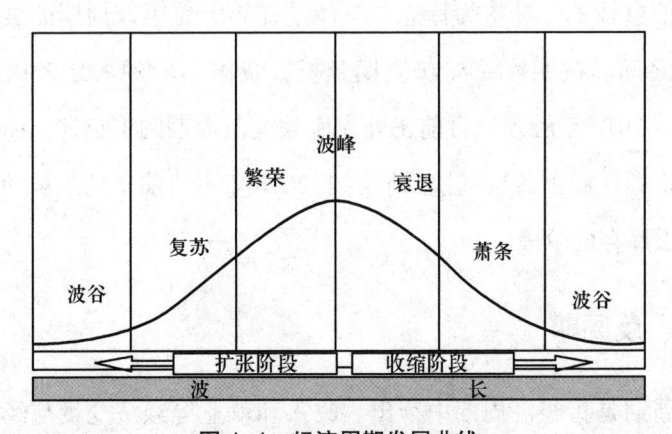

图1-1 经济周期发展曲线

一些消费品业、耐用品制造业及其他需求收入弹性较高的行业，就属于典型的周期性行业。例如，汽车、钢铁、房地产、银行、证券、保险、有色金属、电力、煤炭等都是典型的周期性行业，这些行业与宏观经济的相关度很高。同样，还有一些非周期性的行业，这些行业的产品需求相对稳定，不易受经济周期变动的影响，如食品、医药、服装和公用事业等。

3. 经济周期的分类

经济周期按照时间长短主要分为四种类型，分别是康德拉季耶夫长周期、库兹涅茨周期、朱格拉周期和基钦周期。其中，康德拉季耶夫长周期主要是技术创新驱动的周期，跨度为40~60年；库兹涅茨周期主要是房地产和建筑业的兴衰引发的周期，跨度为15~25年；朱格拉周期主要是设备更替、资本投资引发的周期，跨度为7~11年；基钦周期主要考察库存指标，跨度为3~5年。一个康德拉季耶夫长周期大约包括3个库兹涅茨周期、6个朱格拉周期和18个基钦周期。

按照经济周期的分类，我们现在的经济又处于什么阶段呢？根据康波理论的分析，目前全球经济正处在第五轮康波周期，其始于1991年，以信息技术的冲击为标志，具体是在第五轮康波周期的衰退期和萧条期之间。按照库兹涅茨周期分析，我国本轮的房地产周期始于1999年，2014年触顶，目前正处在库兹涅茨周期的下行期。而根据基钦周期推断，我国此次基钦周期始于2016年，目前正处于被动补库存和主动去库存的阶段。

二、反周期

反周期是指经济周期中产出、收入和就业等经济变量与经济波动状况呈相反方向的变动，表现为这些变量在衰退中上升或在复苏中下降。反周期易使大多数人误入陷阱，这是由于大多数人习惯于看涨不看跌，因此这就需要企业家学会反周期能力。"寒冬"中静观其变，可能保全自身，但也可能错失良机。

机会总是留给有准备的人。对于经济周期的波动，企业家要学会捕捉机遇，用智慧结合洞察力，去窥探经济在各个时期的机遇，学会逆流而上，寻找商机。

具体来看，当经济遭遇"寒冬"之时，企业可以采取两种反周期策略：一是选择收购资产，因为萧条阶段，大量的资源价格低廉，如闲置的原材料、机器和厂房设备及劳动力；二是扩大产能，投资固定资产，积蓄能量，迎接下一轮繁荣。但这所有的魄力和底气，都应来自企业财务状况的支持。下面我们举两个例子具体说明。

先来看壳牌公司的例子。在20世纪50年代的时候，壳牌公司还是西方七大石油公司中最小的一家石油公司。壳牌公司正是通过反周期的并购策略才逐渐强大。但壳牌公司更加具有战略眼光，进行了现金储备。20世纪70年代，壳牌公司就开始储备现金。80年代，石油价格上升，各大石油公司利润增加，大举进行油田收购，但是壳牌公司继续储备现金，降低负债。1986年石油价格暴跌，很多石油公司陷入财务危机，出售资产，此时壳牌公司大举出手，低价收购了大量石油公司，这些收购为后续壳牌公司超越发展积蓄了很大的成本优势。所以，在做企业的过程中，要厚积薄发，善于观察经济运行规律，在资源被低估时，抓住时机一举拿下。

再来看看紫金矿业的案例。紫金矿业曾一度被专家们视作不具备开采价值的"鸡肋"金矿，但紫金矿业具备反周期的谋略和洞察力。2015年，矿产资源价格被低估，但紫金矿业果断收购卡莫阿-卡库拉铜矿49.5%的股权，并进行后续的补充勘探，使其铜资源量整体增长近一倍。紫金矿业就是抓住了行业低迷阶段的时机，扩大产能，储备资源。

三、拐点判断

对于大部分的企业来说，行业拐点就是一次"弯道超车"的发展机会。企业家应具备系统全面的经济周期与反周期知识，找准经济运行的拐点，逆势而上，在预期结果会上升的条件下，于拐点处主动出击。

拐点分两种轨迹：

（1）向上的加速提升；

（2）向下的快速下跌。

拐点会给企业带来鹏程万里，也会让企业蓝天折翅。企业家要学会对拐点进行正确的判断，借助拐点向上加速提升。

下面我们通过星巴克的案例来具体分析。

1999年，星巴克在北京国际贸易中心开设了中国大陆第一家门店，2019年是星巴克进入中国的第20个年头。星巴克2019年的报表显示，其咖啡收入的增长主要来自中国。

星巴克对中国市场有十分敏锐的洞察力和远见，看好中国咖啡市场强大的增长潜力。首先，随着城市化的加速，有消费能力的群体扩大，必将增加咖啡在中国的销量。经济学家预计2021年中国的GDP将超过15万亿美元，其中中产阶层群体将会迅速扩大，消费人群将达6亿。其次，随着咖啡文化的不断普及，中国咖啡市场正快速增长。目前我国咖啡消费量年增长率和咖啡市场规模远高于全球，所以未来中国将成为最具潜力的咖啡市场。最后，随着中国消费升级，咖啡市场结构有望改变。2017年，全球现磨咖啡占比为87%，速溶咖啡占比低于13%，而中国速溶咖啡占比达到84%，现磨咖啡仅占16%，未来中国现磨咖啡的增速有望大大增加。[①] 面对中国咖啡市场发展的

---

① 中投顾问.中国咖啡产业市场规模分析[EB/OL].搜狐网，2017-05-16.

机遇，2018年星巴克宣布，在中国市场继续扩展，加速在中国开店的计划。

综上所述，企业家需要正确判断经济周期的拐点，洞察行业发展的周期性节点，采取扩大产出或者缩小规模等预见性措施，在应对周期性波动中积累丰富的经验，及时应对挑战，抓住机遇。

第二节 行业集中度分析

行业集中度能够反映一个行业的整合程度。一个行业的整合程度可以向外界传递该行业所蕴藏的发展机遇的大小。因此，我们可以对一个行业的集中度进行具体研究，根据该行业集中度的大小来科学合理地决定本企业的运营模式与投资资金的流向，规避那些不适合进一步投资的行业，将自己有限的资金投入到那些发展机遇与前景更大的行业当中。

一、行业集中度与行业机会

对于行业集中度的测量，经济学上有两种方法：第一种是直接测算企业加价程度，即价格的边际成本比例；第二种是测算赫芬达尔指数，即直接计算产量和收入。实际中较为常见的是第二种方法，通过计算行业内前 N 家企业所占的市场份额来计算市场的垄断程度，通常要考量的参数包括业务收入、销售量、产量和资产总额等。

图 1-2 形象地说明了一个行业的集中度与行业机会之间的关系。

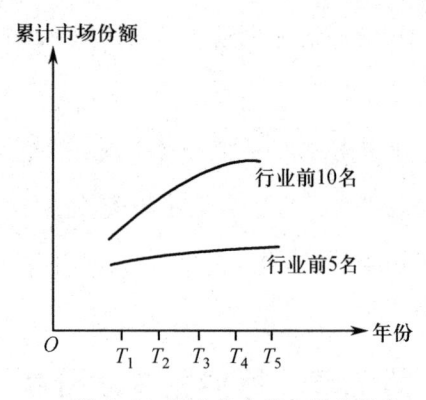

图 1-2　行业集中度与行业机会

在图 1-2 中，上面那条线的斜率比较大，行业集中度逐年快速上升，从而使该行业潜藏着巨大的发展机遇；下面那条线的斜率比较小，市场机会就不大。总之，行业集中度越是上升，行业领航发展的机会就越大。

行业集中度的上升，不仅代表较大的发展机会，还会催生行业龙头企业。行业集中度的上升使得市场资源和市场份额向大企业聚集，马太效应明显。

如果企业处于集中度迅速上升的行业，就要迅速加大投资，抢占市场机遇；如果集中度稳定，那么行业机会就不大，应该实行差异化策略，通过细分市场做大企业。

下面我们通过行业曲线来更直观地理解行业集中度。

二、行业曲线

行业曲线各有不同，有散点的，有块状的，有团状的。如图 1-3 至图 1-5 所示。

其中，图 1-3 为散点市场，有较低的行业集中度，特点是地方品牌林立，缺乏行业领导品牌。例如，我国钢铁行业就属于此类型。目前，在全国范围内分布着大大小小的钢铁企业，虽然大型钢铁企业的经营规模较大，但是它们并不占据绝大多数市场份额，而许多小型钢铁企业在各自的领域有着较强的影响力。小型钢铁企业的市场份额加总远远大于大型钢铁企业，这说明我国钢铁行业的行业集中度较低，市场格局呈现散点化。

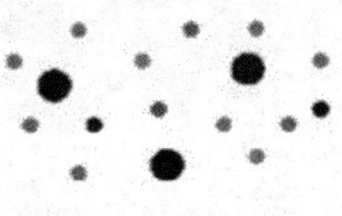

图 1-3 散点市场

图 1-4 为块状同质化市场，特点是市场呈寡头垄断结构。例如，我国的银行业就是如此。当前国有四大银行在国内市场多年处于行业排名前列，其地位没有其他银行能够撼动，如果再加上排名靠前的国有股份制银行，那么前 10 名的行业集中度可以说是非常高了，涵盖了中国银行业的绝大部分市场份额。这就是典型的寡头垄断，市场呈现同质化的特征。

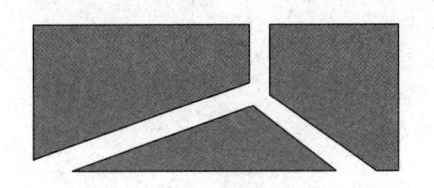

图 1-4 块状同质化市场

图 1-5 为团状异质化市场，特点是黑马涌现，蚕食市场。例如，我国电商行业市场就是如此。传统的电商企业如天猫商城、京东购物、苏宁易购等巨头家喻户晓，但近年来电商新秀频频崛起，如拼多多、网易考拉、小红书等，它们的市场规模不断扩大。特别是拼多多，2018 年 7 月 26 日在纳斯达克上市，成为电商行业的一匹黑马，分割了

天猫和京东的市场份额。总体来看，电商行业排名靠前的企业的行业集中度是在上升的，因此当前我国电商行业的特点是团状异质化。

图 1-5 团状异质化市场

下面我们来看一下快递行业的行业集中度，这里选取国家邮政局公布的 CR8 来统计，CR8 所包括的企业为中通、申通、圆通、韵达、顺丰、百世、天天快递、中邮 EMS。

如图 1-6 所示，2017 年之前，快递行业的行业集中度自 2013 年 5 月起出现下滑，市场呈现分散化趋势，主要是因为此时市场进入者较多，分散了龙头企业的市场份额；但是 2016 年起，以圆通为首的龙头快递公司陆续上市，实力增加，开始重新获取市场份额。

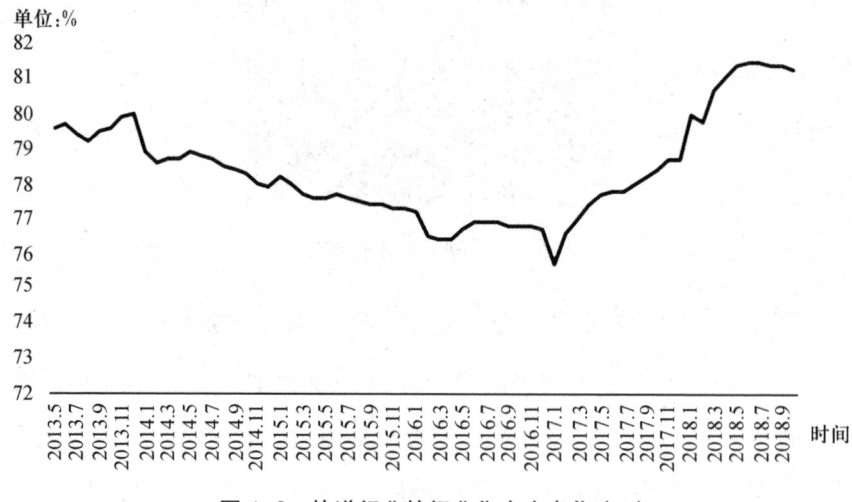

图 1-6 快递行业的行业集中度变化（1）

资料来源：国家邮政局。

如图 1-7 所示，自 2017 年起，快递行业的行业集中度快速上升，从 2017 年 1 月的 75.7% 增加到 2018 年 7 月的 81.5%，创历史新高。

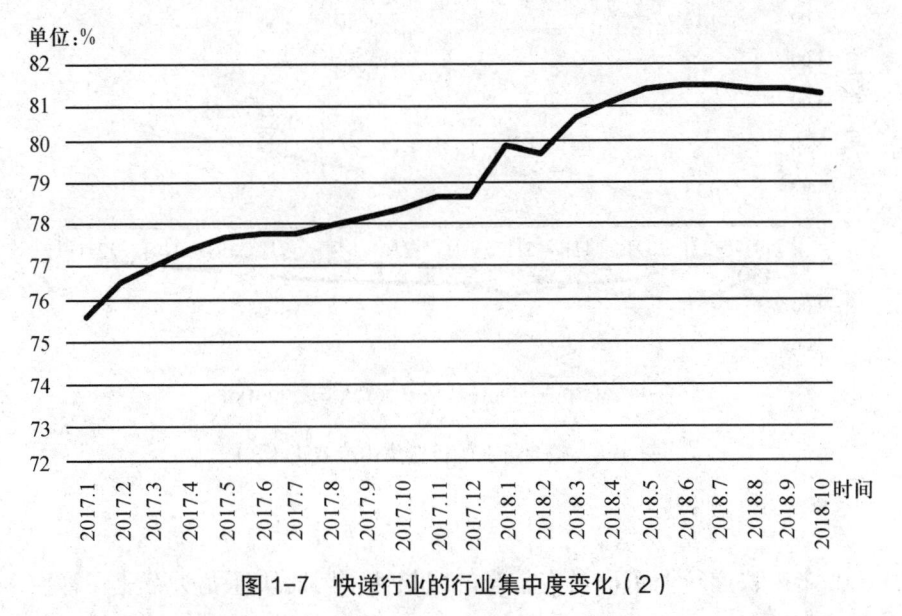

图 1-7 快递行业的行业集中度变化（2）

资料来源：国家邮政局。

如图 1-8 所示，2018 年全年行业集中度的同比增长率超过 2017 年全年，其中 2018 年 1 月行业集中度同比增长 5.68%，达到历史最高水平。正如上面介绍的，行业集中度曲线斜率越大，市场机会就越大，这时就要迅速加大投资，抢占市场机会。近年来快递行业业务量和业务收入逐年增长的事实也印证了这一点。

具体到龙头企业，主要是以电商件为主的"通达系"和以商务件为主的顺丰快递，2018 年前三季度其业务收入增速均超过同行业，促使行业集中度不断上升，"通达系"和顺丰快递公司的市场占有率从 2016 年的 57.59% 增长至 2018 年 9 月的 61.02%。

图 1-8　快递行业的行业集中度变化（3）

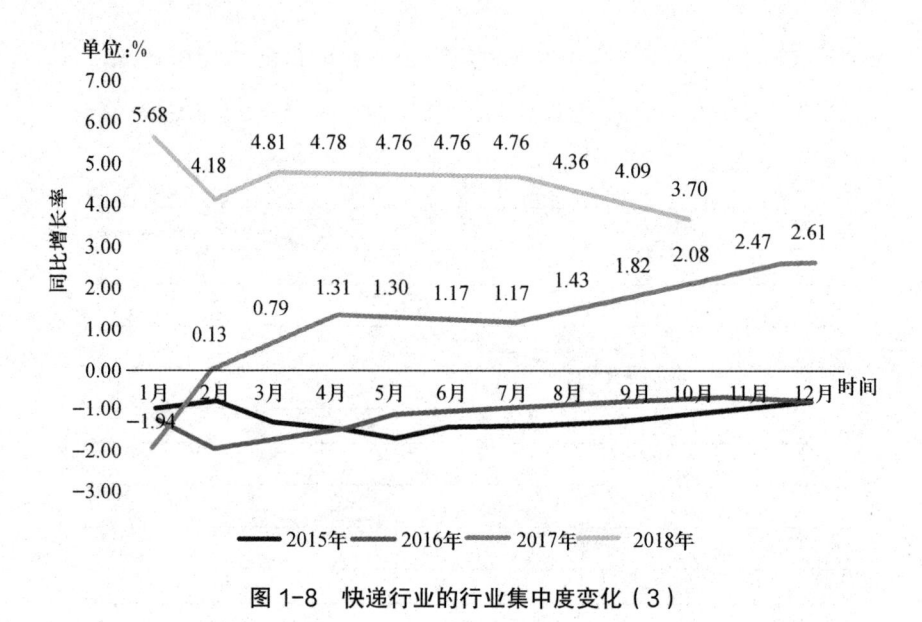

资料来源：国家邮政局。

未来快递行业依旧具有较高的成长性，因此快递龙头企业在管控成本、提升服务质量、精细化管理的努力下，将会保持较高的增长速度，加速获取市场份额，使行业集中度继续提升。

第三节　市场定位

有位浙江女企业家对市场有很高的敏锐度。她住在国外，有一次听丈夫说报纸报道美国风塔制造质量存在较大问题，便迅速捕捉了这条市场信息，马不停蹄地返回国内进行市场调查，确认中国生产的产品在质量上要比美国的好，成本方面又占据优势。于是，尽管她从来没有涉足过风力发电领域，但迅速整合丈夫及其朋友在风塔、系统工程等方面的资源，果断地在扬州成立新能源公司，抓住了机遇。可见，市场信息的及时收集是多么重要。如果企业能够及时收集市场信息并利用得当，将能很好地起到宣传企业品牌形象的作用。

有了市场信息，就要把握好目标市场。确定目标市场的前提是细分市场。

一、细分市场

市场细分的概念是美国市场学家温德尔·史密斯（Wendell R.Smith）于 20 世纪 50 年代中期提出来的。市场细分是指营销者通过市场调研，依据消费者的需要和欲望、购买行为和购买习惯等方面的差异和多元性，把某一产品的市场整体划分为若干消费者群的市场分类过程。微观来看，每一个消费者就是一个细分市场。著名的市场营销学者麦卡锡提出应当把消费者看作一个特定的群体，称为目标市场。一般来说，每一个细分市场都是由具有类似需求倾向的消费者组成的群体。

"现代营销学之父"科特勒认为可以用两大组变量来细分消费者市场：一是通过寻找地理统计特征、人口统计特征和心理统计特征这些描述性特征来确定细分市场；二是通过寻找行为因素来确定细分市场。

具体来看，地理因素主要是国家、地区、气候、地形等；人口因素主要是年龄、性别、职业、收入、国籍、教育等；心理因素主要是生活方式、性格个性等；行为因素主要是购买时机、产品使用率、忠诚度等。

在做市场细分时，公司要想成为市场领先者，有一个简单的秘诀：学会面向 10% 的市场，并致力于在其中占据 100% 的份额。也就是要学会"宁做小池塘中的大鱼，不做大池塘中的小鱼"。怎么理解这条秘诀呢？

首先，要把自己面向的市场界定得很狭窄，专注于小而精的市场，这样目标就更集中，精力也更集中，于是提供的产品和服务就更专业，并可以对消费者的需求变化做出及时的应对和反馈，这样就比其他规模大的公司拥有更明显的优势。

其次，必须有足够的勇气，丢掉那些有盈利但自己并不擅长的领域。大舍便大得，要培育自己捕捉市场的能力。

最后，要评估一下选定的目标市场，了解其规模、发展潜力、竞争情况等，及时捕捉市场信息，探索企业的发展机会，以更好地适应市场的需要。要集中企业的人、财、物等资源，争取在局部市场上获取优势，占领自己的目标市场。

二、目标市场

市场细分后就要进行目标市场的选取。企业家要根据公司的长期发展目标选择目标市场，只有这样，企业才能够稳健成长。

企业家如何选择目标市场呢？这里介绍一些方法。

（1）单一区分集中化策略。如果企业资源有限，就应该选择没有强大竞争对手的单一目标区划作为目标市场，这样以后可以作为扩张的基地和跳板。

（2）选择性专业化策略。企业选择多个市场区划，以扩大产品的市场。

（3）产品专业化策略。企业只制造一种产品，不生产、经营其他产品。

（4）市场专业化策略。企业专注于某一特定群体，满足他们的各种需求。

（5）市场覆盖策略。企业在自己的经营领域中，对市场实施全面覆盖。

浙江台州杰克缝纫机公司就将上述策略充分运用并融合在自身的

发展中，下面我们来具体分析。

首先是单一区分集中化策略，企业划定单一目标市场。杰克公司几十年如一日地专注于"缝制"幸福生活。目前，公司在全球120多个国家有5000多个网点，连续多年全球行业内研发专利申请量第一，引领500余家缝制设备生产及配套企业集群发展。

其次是产品专业化策略，企业只生产一种产品。很多公司抵挡不住诱惑，选择跨界多元化经营，从而面临资源分散、资金链断裂等风险。杰克公司坚信服装行业将会迎来更大的发展，缝纫机行业作为服装业上游，亦将迎来快速的发展，因而几十年专注于工业缝制机械的研发、生产和销售。

再次是市场专业化策略，企业专注于某一特定群体，满足他们的各种需求。杰克公司专注于中小服装企业，围绕产品特性进行了大量的开发，不断迭代新的产品，以满足客户的需求。

最后是选择性专业化策略和市场覆盖策略。杰克公司在工业缝制机械领域选择多个市场区划以扩大产品市场，通过收购对市场实施全面覆盖，形成全球化布局。例如，2009年杰克公司收购了国际著名裁床企业德国奔马，进一步提升了公司在工业缝纫机和裁床领域的产品竞争力；2017年7月，杰克公司并购了拥有40多年历史、全球唯一一家只做衬衫缝制设备的意大利衬衫智造专家——迈卡公司，迈出了向"智能制造成套解决方案服务商"转型升级的重要一步；2018年7月，杰克公司收购了意大利牛仔裤工业缝纫机领域的领军企业——威比玛公司，丰富了公司的自动化、智能化产品品类。

三、市场定位

定位理论由艾·里斯和杰克·特劳特在1972年提出，其出发点是占领消费者的心智资源。市场定位就是要勾勒出企业和产品的清晰形象，在客户心里占据有利的位置。模式定位准确后，企业才能高效地创建品牌，其后的形象传播才能成功。

当然，产品定位可以随着市场的发展而改变，灵活的市场定位可以帮助企业更好地适应市场变化，在激烈的市场变化和市场竞争中保持良好的竞争力。

这就要求企业在市场定位的基础之上，为消费者提供有针对性的营销方案，即及时对企业定位的消费者的需求做调查，结合企业自身产品特色和消费者偏好，有针对性地对产品进行改进和宣传。过去企业以产品为中心，致力于以最低的成本研发出最好的产品，再花费大额宣传费将产品推广出去；而现在应该以客户为中心，根据消费者的需求来研发产品。

来看看小熊电器的案例。小熊电器作为小家电领域的领军企业，坚持"宁做小池塘中的大鱼，不做大池塘中的小鱼"的策略，避开成熟的大家电行业，选择小家电。在选取细分市场后，又将目标锁定为追求轻巧智能的90后，从而走进了年轻人的厨房。

在明确了市场定位之后，小熊电器积极挖掘各类消费人群的特点，提出"萌家电"精准定位深度营销策略。"萌家电"不仅是基于小熊萌趣的外形设计，而且向消费者传递一种"简单、纯真、轻松、温暖"的生活方式和生活态度，超越简单的产品层次，与消费者在生活和情感层面建立联系，达到共鸣。

再来看看屈臣氏的细分市场。准确的市场细分和锁定目标客户群是屈臣氏获得成功的关键因素之一。刚进入中国时，屈臣氏的发展不尽如人意。屈臣氏经过敏锐的市场分析观察发现，亚洲女性愿意投入大量时间去寻找更便宜或者更好的产品，于是最终将中国大陆的主要目标市场锁定为 18~40 岁的女性，特别是 18~35 岁的时尚女性。确定了目标市场，锁定了目标人群后，屈臣氏选择特定的市场营销策略满足目标市场的需求。

第四节　机会转折点

所谓机会转折点，是指企业目前处在市场的不利状态，通过巧妙的运营，转换到对自己有利的局面。那么首先我们要对企业在市场中的地位有一个清晰的认识。

一、企业地位分析

对企业市场地位的分析主要是判断企业在市场中的竞争地位，判断其是否处于领导地位、对价格是否具有较强的影响、盈利能力是否高于行业平均水平、是否具有竞争优势等。

那么我们通过什么方法来分析一个企业在市场中所处的地位呢？下面我们要介绍的是金牛图分析法，如图 1-9 所示。金牛图分析法即波士顿矩阵分析法，由波士顿咨询集团（Boston Consulting Group）的创立者布鲁斯·亨德森在 20 世纪 70 年代初提出，他认为"公司若要取得成功，就必须拥有增长率和市场份额各不相同的产品组合"。

如图 1-9 所示，该模型主要用于协助企业进行业务组合或投资组合。横坐标代表市场占有率，即所占据的市场份额；纵坐标代表市场成长率，即所在市场的增长程度。企业市场占有率是决定企业产品结构的内在因素，它直接显示出企业的竞争实力。市场成长率则代表了销售增长率、目标市场容量、竞争对手强弱、产品周期等因素。

企业新维度：重构经营之道

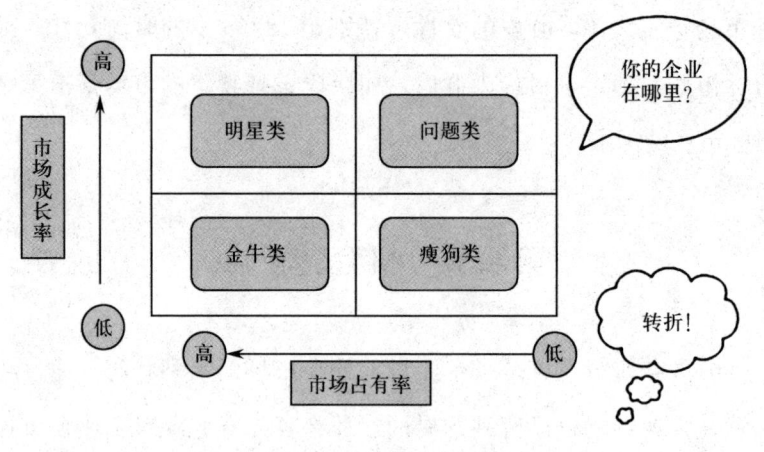

图 1-9　金牛图分析法

下面我们具体看一下每个象限所代表企业（产品）的特性及应对策略。

（1）瘦狗类企业（产品）在市场中竞争力不足，应当抛弃或改造。如图 1-9 所示，瘦狗类企业（产品）的市场占有率和市场成长率都较低，竞争地位较弱，它们通常盈利很小甚至处于亏损边缘。瘦狗类企业（产品）存在的原因多是情感上的不舍，但它们通常会占用很多资源，如资金、管理部门的时间等，对于企业来说得不偿失。

因此，面对瘦狗类产品与企业，我们需要把握时机，采用收缩战略，针对问题及时做出反应，如对产品或企业进行出售或清算，以便把资源转移到更有利的领域，如果长期拖延不采取行动，企业最终会以失败告终。

（2）金牛类企业（产品）在目前盈利，有很大的市场占有率，但成长性不足，需强化研发。金牛类产品与企业因其较高的市场占有率，在整个市场中一般是相对完善的，是成熟市场中的领导者，享有规模经济和高边际利润的优势。从产品方面来看，金牛类产品是企业现金的来源，但未来的增长前景有限。

对于金牛类企业（产品）来说，不需要扩大生产、增加规模、加大投资就能获得很高的利润，所以最关键的是要让金牛类企业（产品）持续稳定发展，保持市场份额，在这之上再进行提升。企业通常用现金牛业务来支付账款并支持其他三种需大量现金的业务。

（3）明星类企业（产品）既有很大的市场占有率，又有很大的发展潜力，应给予大力支持。明星类产品与企业因其高市场成长率与高市场占有率，是投资者投资的首选目标。明星类产品与企业在高增长市场上具有相对高的市场份额，通常需要大量的现金以维持增长，但明星业务却不一定可以给企业带来正的现金流，这取决于新工厂、设备和产品开发对投资的需要量。因此，市场在高速发展，企业必须继续投资，以保持与市场同步增长，才能维持较高的市场份额。

我们可以规模化这类产品或企业，采用增长战略，放眼长期利益，使这类产品在市场中更具有竞争力与代表性。明星类业务是由问题类业务继续投资发展起来的，可以视为高速成长市场中的领导者，它将成为公司未来的现金牛业务，因此企业应将有限的资源投入在能够发展成为现金牛的业务中。

（4）问题类企业（产品）有很大的前途，但市场占有太少，应对问题予以解决。问题类产品与企业拥有较大的成长空间与良好的发展前景，需要大量的现金投入，以求在市场上站稳脚跟。处在这个领域中的是一些投机性产品，带有较大的风险，这些产品可能利润率很高，但占有的市场份额很小。

我们需要发现这类业务的问题所在，并且尝试去修改与完善。对于那些符合企业发展长远目标、企业具有资源优势、能够增强企业核心竞争力的问题类业务，应采取增长战略。为发展问题类业务，企业必须建立工厂，投入大量资金，增加设备和人员，跟上市场的发展，扩大市场份额，逐渐将问题类企业（产品）转变为明星类企业（产品）。反之，则采用收缩战略。

二、企业转折点

当明确自己的企业在市场中所处的位置，无论是明星类、金牛类，还是问题类、瘦狗类，都要学会把握企业的转折点，将转折点变成机会点，促进企业成长。格鲁夫在《只有偏执狂才能生存》中曾说："穿越战略转折点为我们设下的死亡之谷，是一个企业组织必须历经的最大磨难。"但最关键的是，企业能不能意识到自己正处在战略转折点时刻。如果将细分市场和金牛图分析一起运用，则可以帮助我们寻找到市场优势所在。

> **案例分析：三只松鼠的成功之路**
>
> 　　三只松鼠起初只是章燎原带着曾做过厨师的发小，以及原来的几个下属，在一间民房中搞起来的贴牌代工的公司。但三只松鼠踩准了电商、新零售和数字化之路，成功打造了卡通坚果品牌，借助互联网短平快的销售模式快速占据了市场份额，成为坚果电商细分领域的领先者。
>
> 　**契机一：乘势电商之路**
>
> 　　三只松鼠依托淘宝这个巨大的互联网平台进行线上销售，开创了一个新型食品零售模式。入驻天猫时，三只松鼠抢占多个廉价广告位，通过直通车、钻石展位进行广泛投放，抢先占领消费者心智，使得消费者很容易地接触并接受这个品牌。三只松鼠采用了萌态十足的松鼠作为品牌的 Logo，在和顾客沟通时，以松鼠般可爱的口吻来热情地为顾客提供导购服务，赢得了大量消费者。

2015年，三只松鼠销售额突破25亿元，以40亿元身家成为当年该领域中估值最高的电商品牌。①

契机二：新零售之路

三只松鼠并不止步于眼下的成功，又在"互联网顾客体验第一品牌"的基础上开始在线下开店。早在2016年，三只松鼠就已经在试水新零售了。三只松鼠坚持线上线下融合发展，形成了立体的全渠道覆盖格局。

三只松鼠的线下店更加强调客户的体验和互动，让客户感受三只松鼠的文化，体验三只松鼠的产品，从而增强客户黏性。如线下的三只松鼠投食店，整个店面营造出一种独特的松鼠王国的气氛，三只松鼠的玩偶随处可见，灯具被做成了树叶的形状，座椅就是树墩……这一线下投食店的布局，加深了客户对品牌的印象和认知，扩大了品牌的宣传。

契机三：上市及数字化供应链平台

从2012年到2019年，三只松鼠的确享受了互联网的红利，但随着线上流量见顶，三只松鼠也遭遇到了发展瓶颈。近几年，大数据、数字化及产业互联网等概念陆续被提出，三只松鼠抓住机遇，开始了数字化进程，重新建立人与商品的连接。2019年，三只松鼠投入数千万元打造松鼠云造系统，希望通过这个系统把商品和消费者之间的链路做到最短，并且通过大数据对整条供应链进行统筹和监督，这大大降低了质检把控的风险，满足了消费者的个性化需求。

---

① 2015年中国三只松鼠实现销售收入25亿元，成为坚果类B2C电商企业领航者[EB/OL].观研网,2016-12-19.

综上，企业家即使对如何选择市场已经有一定的了解，但在选择市场的过程中，也要经常思考企业的理念是什么、企业的责任是什么、企业未来的蓝图如何绘制，用企业价值观、企业使命和企业远景不断鞭策、警示自己，及时发现企业在成长过程中存在的问题。

第二章

产品黄金价值和企业三大匹配

第一节 产品定位

一、第一大黄金价值：拳头产品

产品的含义是很广的，包括顾客所要求的使用价值的全部内容。从这个角度来说，它除了硬件外，还包括软件、服务等。

拳头产品是企业的核心竞争力，是企业一步步强大并不断深入人心的关键。拳头产品还代表企业的品牌，是企业品牌的具体化。例如，当人们看到空调，会想到格力；提到游戏，会想到腾讯；在网上购物，会去淘宝；等等。

拳头产品不是凭空想象的，也不是一蹴而就的，是企业花时间去"打磨"，沉下心去研究，抵制诱惑、聚焦资源收获的"福利"。

以我们熟悉的稻花香酒业为例，它的前身是湖北宜昌柏临酒厂，1986年酒厂成立后，生产着多种商品，如酱油、白酒、饮料等，但因缺少拳头产品，自然不被消费者熟知。1992年，酒厂改名为湖北稻花香集团公司，决定集中所有资源全面生产白酒。到20世纪90年代末，稻花香酒已经成为湖北白酒消费市场的领导品牌，为众多消费者所熟知。这都是稻花香酒业集中力量生产拳头产品的结果。

又如众所周知的康师傅品牌，方便面无疑是其早期的拳头产品，但近几年随着一些外卖平台的盛行，方便面的"便利性"这一价值遭到冲击。在这种情况下，康师傅不断开发新产品，打造拳头产品，如冰红茶、味全、"3+2"夹心饼干等。这些产品重新取代康师傅方便面，成为康师傅的品牌代表。

企业家对拳头产品进行定位时，要对产品的价值有一个全面、清晰的了解。因为产品价值是顾客选购产品的首要因素。首先是产品的核心价值，也就是产品本身的物理功能；其次是产品的有形价值，包括产品名称、包装、价格、款式、标志等；最后是产品的无形价值，包括商标、品牌、体验、服务、素质、付款条件等。

> **案例分析：北汽越野不断打造拳头产品**
>
> 在中国越野车市场中，北汽越野可以称得上是"扛把子"，一直专注于纯国产越野汽车的生产，市场份额高达30%。北汽越野拥有全国一流的专业越野车研发团队，还打造了全国独一无二的"越野车研究院"，花费数十亿元建立了越野车现代化生产基地，开创了中国越野车制造行业的先河。这无疑成为北汽越野拳头产品更新换代、屹立市场的保障。
>
> 那么北汽越野的拳头产品到底是什么呢？那就是堪称"国产牧马人"的BJ40，该车型经过了累计530多万千米实车道路可靠性试验和1260余项系统及零部件试验，不论是整体设计还是硬核的越野能力，都可谓千锤百炼。
>
> 但北汽越野并没有止步于BJ40，而是不断地进行更新升级。随着国六标准的推出，北汽越野推出BJ40 PLUS四款国六版车型，

快速完成国五到国六的过渡。新车在外观、内饰及动力方面都有所升级,是一款高性能的专业级越野车,也是北汽越野发展至行业拐点处的硬核产品。

北汽越野更新拳头产品的步伐从未停止,其在本领域的坚守和对越野产品"高、新、特"的追求,正得到越来越多消费者的认可。2019年4月,北汽越野与中国航天探月工程再一次达成合作,双方共同发布中国航天探月工程用车,其中BJ80成为中国航天探月工程院士用车,BJ40全系成为中国航天探月工程工程师用车。2019年5月15日,多国政要参与的亚洲文化嘉年华活动上,也是采用了BJ40作为出场用车。

二、第二大黄金价值:产品包装

当今消费者越来越重视产品的包装,甚至有的时候,有些消费者并非看重产品功能,而是关注产品带来的感官享受。这就是为什么说产品60%的价格来自包装。好的包装在获得人们青睐的同时,也会给产品增加一定的附加值,提升产品的品质,在一定程度上影响顾客的购买决策,是企业销售更多产品以创造更大利润的重要手段。

目前,全球的制造商每年在产品包装上的花费超过千亿美元,重金打造包装已经是趋势了。这里我们借用营销专家Vernica Jarski对产品包装研究的一些数据:52%的消费者会再次购买高质量包装的产品;90%的消费者在购买盒子和袋子后,实际上会重复使用它们;近40%的消费者会在社交媒体上分享产品包装照片。可见,产品包装对消费者产生的影响不容忽视。

通常来说,包装有三种:第一,以运输和保护商品为目的的"外包装"，是企业出于保护产品、方便运输和促进销售等目的给产品附加的包装；第二，以美化和宣传商品、标识品牌、方便消费者购买为目的的"原包装"；第三，以增强对顾客的吸引力、提高顾客对商品的认知、提升顾客的体验为目的的"展销包装"。

好的包装应该尽可能地体现产品的便利性和实用性，但又不失创意和美好的体验。便利即产品的包装应该符合当下快节奏的生活，如透明式的包装方便挑选、软包装方便储存等；实用即产品的包装应同产品一样具有实际的价值，如有的手提袋可以重复使用，这也对产品进行了免费的宣传。

创意和美好的体验则是更注重包装的艺术设计。有心理学研究发现，用户在产品入手开箱时是最快乐的。可见，产品包装可以给消费者带来最直观和最直接的消费体验。在这里我们举 ILOHAS 矿泉水的例子，它的设计构思——"可以拧的塑料瓶"，来自日本设计师德田祐司，这种可以拧的环保瓶不仅消耗更少，而且更加方便回收，这一包装设计也使得 ILOHAS 成为当时日本销量第一的矿泉水。

说到艺术设计，不得不提的是 Dieline 网站，这家网站致力于"把包装设计当成艺术展示"，是全世界浏览量最高的包装设计网站之一。2018 年，Dieline 网站评出了当年最受关注的 50 个产品包装，下面我们举其中两个例子来感受下包装设计所具有的魅力。

图 2-1 是丹麦的零食品牌 Sea Man Seaweed Chips 的包装。其产品是一种含有海藻的薯片，比传统的薯片要健康一些。包装上最吸引眼球的是插画，主体是墨色的鱿鱼、橘色的龙虾和绿色的海草，分别代表了黑胡椒鱿鱼、辣椒龙虾和海盐三种口味，吸引着人们的注意力。

图 2-1　Sea Man Seaweed Chips 包装

图 2-2 是中国福建厦门的糕点品牌"一封情酥"的包装。这个品牌一直以本土特征、旅游产品为营销方向。图中所展示的产品是松塔，四种口味的松塔包装各异，分别用当地渔村四季的风景画装饰，简单的色块和驻足的小动物给人耳目一新的感觉，激起了人们为集满四季景色的包装而进行消费的冲动。该产品已不单单是一件简单的商品，更像一个充满艺术性的作品。

图 2-2　"一封情酥"包装

三、第三大黄金价值：企业服务

产品定位的第三个黄金价值就是服务。21 世纪是服务的时代、客户的时代，是服务增值的时代。消费者在购买产品时关心的不仅仅是产品的质量，也关心服务的质量。服务对产品来说是物超所值。人们常说，一流企业卖标准，二流企业卖服务，三流企业卖产品，四流企业卖苦力。

提到服务，人们常常想到海底捞。海底捞以"服务至上，顾客至上"为使命，致力于为顾客解决好在就餐时所遇到的问题，不断地创新服务方式，给顾客提供极致的服务体验，这使得很多顾客慕名而去。海底捞为顾客提供优质服务体验的基础在于对员工服务的高压考核政策，海底捞每三个月会对餐厅的服务、环境和食品质量进行考核，但这一考核的初衷是为了让顾客享受到最好的服务。

明确了产品的三大黄金价值还不够，企业还应不断对拳头产品和服务进行开发和升级，丰富、更新拳头产品的卖点，延长产品、品牌的寿命，防止对手任意复制和模仿，这自然少不了对企业技术创新的要求。

第二节 产品技术创新

一、技术研究学派

说起技术创新，这里有必要介绍几位著名学者。一位名字叫罗伯特·索洛，他是诺贝尔经济学奖获得者，首次将技术进步纳入经济分析的视野，利用总生产函数分析了技术进步在经济增长中的作用。

另一位名字叫约瑟夫·熊彼特，他是现代创新理论的代表人物，其独具特色的创新理论奠定了其在技术创新领域的地位。

还有新熊彼特学派——以曼斯菲尔德·卡曼为代表，首次将"企业家"以及"企业家精神"纳入经济分析中，认为企业家的重要作用是实现技术创新。

二、技术研发模式

一般来说，企业的技术研发分为传统的自主研发、模仿改良和合作创新三种模式。

先说第一种技术研发模式，即自主研发模式，它注重对技术的自主权和市场的垄断性，有助于形成较强的专利技术壁垒和市场壁垒。企业自主研发模式要求企业采取技术和市场领先战略，以最短时间和最快速度实现研发成果到新产品的转化，获取超额利润。

企业的自主研发是一个厚积薄发的过程，前期投入资金巨大，风险很高。这一模式在最初往往是不盈利的，而且一旦研发出现重大失误，甚至有可能使企业面临破产的危机，所以前期不仅需要大量资金、时间的投入，还需要领导者有坚持下去的意志力。

案例分析：阿里云的自主研发之路

王坚是阿里云的创始人，当国内外都在云计算领域徘徊之时，他就坚定了对中国云的研发之路。目前，阿里云的飞天云操作系统已经广泛服务于社会经济，为全球200多个国家和地区的数百万企业、政府机构提供服务，在国内有超过一半的上市公司和80%以上的科技企业都需要依靠飞天云操作系统。

飞天云操作系统的成果十分绚丽，但自主研发的过程充满了荆棘与质疑。

马云深知技术对于公司的重要性，为了将阿里巴巴转型成技术型公司，马云坚持对云计算进行投资。从2009年2月阿里云的第一段代码写下开始，连续几年，阿里云一直鲜有成效，不仅白白花费了公司10个亿，还持续赔钱。因为技术研发看不到希望，公司内部高层不断对阿里云提出质疑甚至想要放弃，在最艰难的时候，团队中80%的工程师选择了离开。

但马云了解王坚的才能，力排众议，全力支持王坚的研发。

> 王坚为了证明自己的判断，和团队日夜拼命奋斗，最终研发出了阿里云计算。2013年，阿里云计算的客户遍布数字服务、医疗、气象及政府领域，为阿里巴巴带来超过6.4亿元的收入。
>
> 2018年，Gartner公司发布的数据显示，位居全球云计算市场前五位的公司是亚马逊、微软、阿里云、谷歌、IBM，前三名亚马逊、微软、阿里云已经占据七成的市场份额。
>
> 如此的成就，源于阿里巴巴在研发领域的持续高投入，阿里巴巴的研发投入已经连续多年位列中国上市企业之首。无疑，只有掌握核心科技，在核心技术方面拥有话语权，才能走得更远，走得坚定！

第二种技术研发模式是模仿改良，这种模式简单易行，成本较低，研发效率高，但是边际效益递减。

日本曾经依靠"模仿+改良=创新"的模式实现战后崛起，但也带来不擅长发明和创新的负面形象。模仿改良模式通过借鉴已有的产品，分析其优劣势、风险等问题，减轻了企业前期研发的成本压力，但是模仿改良模式要求企业采取差异化战略，一旦与竞争对手不相上下，就应果断走自己的路，打出自己的技术与品牌。否则，一味地模仿不仅会失去竞争优势，还会涉及侵权的法律问题，如当年中国厂商生产DVD、MP3等产品，被国外厂商收取高额专利费，以致濒临破产，这个教训是深刻的。因此，模仿改良模式是以模仿为基础，改良为重点。改良的优劣、客户的满意程度、成本等问题，是决定这一研发创新能否成功的关键因素。

第三种技术研发模式是合作创新，其通过合作研发，发挥技术研发团队之间的比较优势，分散和降低风险，扩大技术研发的创新空间。

合作创新模式要求企业采取专注与整合并举的战略。例如，与高校、科研院所合作，提升技术含量；与上游供应商合作，节省零部件、半成品、设备投资；与下游需求厂商合作，研发更具优势的核心部件等。

其中一种有效的方式是，企业通过兼并或者收购其他企业，取得其核心技术和技术秘密，并整合核心技术，在此基础上消化吸收，形成具有自主知识产权的核心技术，实现技术上的合作与创新。我们可以看看汉能移动能源的技术创新之路。

案例分析：汉能移动能源的技术创新之路

汉能移动能源控股有限公司是全球化的清洁能源跨国公司，其移动能源和薄膜发电技术彻底改变了人们利用能源的方式。公司拥有全球最先进的薄膜发电技术，取得这一硕果源于"并购全球核心技术—消化吸收、整合创新—形成具有自主知识产权的核心技术"的创新驱动战略。

2009年，汉能涉足薄膜太阳能领域，先后收购并整合了Solibro、MiaSolé、Global Solar Energy和Alta Devices四家在世界上技术领先的薄膜太阳能企业，获得大量关键技术，增强了技术实力。同时，在我国北京、四川、江苏及美国、德国、瑞典等地设立八个研发基地。多年来，在"并购+自主研发"的基础上，汉能获得了薄膜太阳能技术的自主研发能力，拥有了全球最先进的铜铟镓硒（CIGS）和砷化镓（GaAs）技术，享有了薄膜太阳能的专利话语权，并在世界上坐拥一席之地。

除了在薄膜太阳能技术上具有领先地位以外，作为清洁能源领域的实践者，汉能首次提出"移动能源"的概念，不断扩大薄膜太阳能技术的日常应用范围，推出覆盖各领域的分布式发电和移动能源产品。例如，在无人机领域，将砷化镓（GaAs）薄膜太

> 阳能电池应用在无人机上，有效地延长了无人机的续航时间；在汽车领域，与德国奥迪达成合作，推出薄膜太阳能全景车顶；在生活领域，借助薄膜太阳能技术，推出了汉伞、汉纸和汉包等涵盖衣、用、行领域的移动能源产品。

另一种有效的方式是与高校和科研院所开展合作。这里有必要介绍笔者2004年的研究课题——"德国弗朗霍夫模式对中国产学研合作的启示"。该模式在世界上享有盛誉，它是大学、政府、工业企业和研究机构合作的成功机制。大学承担基础研究工作和培养学生的重任；政府在自己的实验室进行应用性研究，并为弗朗霍夫学会提供财政支持，以保障全国研究的最低成本；工业企业提供合同以及制造条件和营销能力；而弗朗霍夫学会的研究机构培养工程人员，并致力于基础研究和工业应用研究。

弗朗霍夫模式最大的推动力是其研究机构只需从工业和政府的委托项目中获利70%即可，余下30%属于固定资金，来自政府基金。弗朗霍夫模式的第二大推动力是各研究机构与一所或更多的本地大学进行合作，获得廉价而高质的人力资源。弗朗霍夫模式的研究机构得以运转是由于它的雇员中40%是大学生。弗朗霍夫学会作为一个中介平台，在促进知识源和知识受体转移意识等方面拥有丰富的经验，值得借鉴。

我国企业多采用产学研合作方式。产学研合作是指企业、高校、科研院所之间通过合作交流开展技术创新活动。产学研合作可以使企业的劳动生产率提高近30%，项目成功率达到70%。产学研合作形成政府、大学、企业三重螺旋机制，包括螺旋内部的进化（如大学与科研、企业与产业、政府与制度）、螺旋之间的相互影响，使得政府、大学、企业和科研机构的创新价值发挥到最大。

案例分析：海信的自主研发与技术创新合作

海信在我们的认知中可能还是一家家电企业，但是如今的海信已经成为一个具有自主研发实力的高科技企业。例如，海信的智能家电业务已经成为行业的领头羊，甚至超过日韩企业。最值得称赞的还是海信在医疗领域的贡献。

海信早在2014年就涉足医疗业务，主要是医用显示器、医疗系统解决方案、移动护理系统及海信计算机辅助手术系统（CAS）。特别是计算机辅助手术系统，是海信倾注数十年的图像处理和数字处理核心技术的成果，可以说是外科医生的"治疗神器"。对于一些疑难和高难度的手术治疗，海信CAS系统借助人工智能技术，重建清晰的三维影像，帮助医生制定精准的手术治疗方案，提高诊断的准确率和手术的成功率。目前，海信的这项技术已经成功应用于各个医院。

除了自主研发外，海信还注重技术创新合作。例如，2019年6月，海信与中国海洋大学设立"海信－海大"产学研合作引导激励基金，与中国海洋大学创立人工智能、家用电器、5G通信等方向的科创工作室，加速产学研成果的输出和转化。2019年10月，与青岛大学签署战略合作协议，在物联网、大数据、云计算、5G技术融合发展方向上进行充分的协同和联合。2019年12月，与青岛科技大学签署战略合作协议。此前海信与青岛科技大学已经在模具、功能材料、家电和大数据等方向有过不同程度的科技合作，此次合作中海信将与青岛科技大学在光通信、智慧医疗、绝热材料、减震材料等方面进行联合研发和攻关，成立联合研发基地和实验室等协同创新平台。

在了解了产品价值和技术创新之后,企业家对于产品的定位还需要做到三大匹配,即产品生命周期的匹配、市场生命周期的匹配、企业生命周期的匹配。

第三节 产品生命周期、市场生命周期、企业生命周期

一、产品生命周期

产品生命周期(Product Life Cycle,PLC),即产品的市场寿命,是一种产品从开发出来到被市场淘汰的全过程,主要包括开发期、成长期、成熟期和衰退期四个阶段。企业在决定产品策略以及营销策略时,产品生命周期是一个不可忽视的概念。

如果企业经营者想使企业的产品有一个更长、更稳定的经营周期,以便获得的利润可以弥补企业在设计和推出该产品时所付出的成本和承担的风险,就必须投入时间和精力去研究和运用产品的生命周期理论。

产品生命周期四个阶段的发展趋势具体如图 2-3 所示。

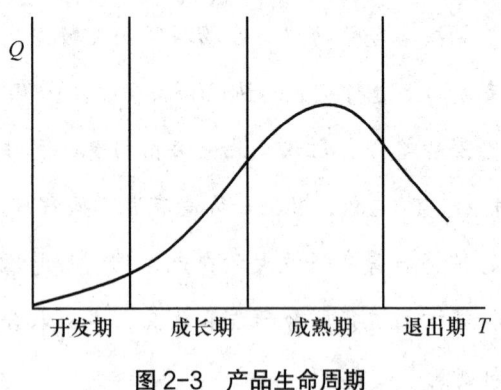

图 2-3 产品生命周期

首先是开发阶段，通常对应于企业的初创阶段，这个阶段企业结合客户痛点和企业目标将一个构思或理论变成实物产品，并上线寻求种子客户测试验证，以达到更好的客户体验。在开发阶段，产品处于探索验证期，价格也处于尝试期，市场前景并不明朗，效益常为负值。

其次是成长阶段，这个阶段用户逐渐熟悉产品，产品也不断得到用户的认可，产品市场前景逐渐明朗，价格一般较高，效益渐增。企业在这个阶段通常专注于如何增加产品的销量和品牌知名度。

再次是成熟阶段，这个阶段市场逐渐趋于饱和，客户逐渐稳定下来，产品也逐渐完善，价格稳中有降，效益最大。企业需要关注的是通过运营手段调动并留存老用户，并保持新用户的稳定增长。

最后是衰退阶段，这个阶段的产品逐渐失去竞争力，客户挑剔较多，价格下降，用户流失率不断提升，产品的销量和效益持续下降。企业主要的任务是做好用户的回流工作，积极发现创新点，力求转型。

因此，企业要不断跟踪调研产品的生命周期，明确产品所处的阶段，了解产品所处的市场，更好地制定相应的产品迭代及运营策略，延长产品寿命。

综观产品生命周期的全过程，我们发现企业延长产品生命周期的措施不外乎提高开发阶段的效率，缩短成长期，延长成熟期，减缓退出的过程。对于延长成熟期来说，可以采取确保产品质量、把握价格、加大服务力度三种方式。

二、市场生命周期

市场也有生命周期，市场生命周期是从行业的角度考虑的，常为行业中若干企业的产品所分割。市场生命周期包括形成、成长、成熟、衰退四个阶段。

在市场形成阶段，仅有极个别的创业公司涉足该市场，其通常被称为新兴行业（市场），此时的企业致力于占领市场、抢占用户，但面临资金不足的财务困难。此时市场的产品尚未被广泛接受，技术变动较大，由于前期探索、投入较大，市场利润率低，很多企业面临破产的窘境，如光伏发电行业、区块链。

到了市场成长阶段，产品被认可和接受，市场经历了"大鱼吃小鱼，小鱼吃虾米"的过程，一些具有较强资本支撑且经营管理有方的企业抵御住了风险，逐渐抢占了大部分的市场，一些小的企业被兼并或者淘汰。此时的市场销售额和盈利仍在增长，不确定因素较小，产品技术也逐渐定型，产品种类和竞争者较多，如无人机行业。

市场的成熟阶段比较稳定，时间也相对较长，此时市场中少数几个大企业占据相当的规模，市场增长率开始减缓，买方市场形成，行业盈利能力逐渐下降，较少有新企业进入，如矿泉水行业。

到了市场的衰退阶段，新技术的出现使得新产品和替代品抢夺了大量的用户，市场需求逐渐减少直至消失，行业内产品销量下降，企业开始转移资金，力求转型，市场上企业开始减少，市场增长率下降，产品种类和竞争者减少，市场利润下降，如胶卷和磁带行业。

三、企业生命周期

同样，企业也有生命周期。与产品生命周期和市场生命周期一样，企业生命周期理论上也包括形成、成长、成熟、衰退四个阶段。

正确认识企业生命周期的规律，即了解企业生命周期各阶段的特征和可能出现的问题，并采取相应的手段来减少和规避可能出现的风险，可以使企业在各阶段健康有序发展，在成长期积蓄能量，通过积极的措施延长成熟期，延缓衰退期的到来，从而获得高质量的企业生命。

日本是世界上企业生命周期最长的国家，日本企业的寿命平均为12年，甚至还有千年企业。日本经济大学后藤俊夫教授曾对全球的长寿企业进行过调查研究，发现全世界拥有长寿企业最多的国家就是日本，日本超过百年的企业有5.2万家，其中有7家企业的传承历史超过千年。例如，创立于公元578年的建筑公司金刚组是日本历史最悠久的企业，也是全球最长寿的企业。

曾有研究发现，每50年就有超过2/3的世界500强企业倒闭。这似乎与生命周期理论不谋而合，大多数行业和企业都会经历由发展到衰退的阶段，但也有少数企业在衰退阶段成功转型，这里我们以百年企业IBM为例予以说明。

> **案例分析：IBM的四次战略转型**
>
> IBM是一家拥有超越百年历史的科技企业，IBM的历史可以说就是一部人类计算机的历史。IBM之所以能抵御生命周期的"魔咒"，一直长盛不衰，在于不断转型。IBM的每一次转型都使其跟上了科技产业发展的潮流，一次次从衰退期重返成熟期。下面我们就讲述一下IBM历史上四次重要的转型。
>
> 20世纪40年代末，电子计算机和磁带的出现促使IBM进行了第一次战略转型。1952年，沃森的儿子小托马斯·沃森出任IBM公司总裁。尽管打卡机业务是IBM的现金流来源，但小沃森还是认为计算机才是未来发展方向，宣布以大型计算机为目标，使公司进入电子时代。当时小沃森邀请了计算机奠基人冯·诺依曼博士担任公司的科学顾问，通过50亿美元的研发投入，研制出闻名世界的第一代大型机"IBM 360系统"。"IBM 360系统"于1964年推出，很快就成为市场领先的计算平台，使得IBM在1969

年占据计算机市场份额的70%。

　　IBM的第二次战略转型是从大型计算机转移到分布式计算系统。随着个人电脑的兴起，IBM依靠出租大型机获取高额租金的业务模式受到了严重冲击，IBM大型机业务收入从1990年到1993年下降了60亿美元，公司亏损额达160亿美元。新上任的郭士纳开启了新的战略转型，从大型机转向包括个人电脑在内的分布式计算系统，使得Think Pad成为用户的第一选择。1995年，IBM的营业额首次突破700亿美元。

　　IBM的第三次战略转型是从硬件科学技术转型到提供信息系统服务、企业管理和运营咨询服务。2002年第一季度，IBM连续三季度出现利润及营业收入下滑，新上任的彭明盛提出"随需应变"的战略：退出PC硬件业，全面进入知识服务、软件和顾问等服务市场，向客户提供任何需求的任意解决方案。为此，2002年，IBM以39亿美元高价收购了普华永道咨询公司，又用21亿美元收购了Rational软件公司。至此IBM将重心转移到为客户提供咨询等多种后台服务，而不是局限于IT产品服务。

　　IBM的第四次战略转型开始于2012年，转型方向是从一家传统硬件、软件和服务公司转为为客户提供认知解决方案及云平台的公司。IBM认为未来企业要发展成为平台型、高度自动化机器学习、敏捷灵活组合式的企业。2018年9月12日，IBM大中华区董事长陈黎明表示"IBM已经率先转型成为全球领先的认知解决方案和云平台公司"。

第三章

企业五大竞争武器及产品定位深化和创新

第一节 企业竞争力分析

一、竞争的五种力量

企业竞争力是企业在综合利用自身能力和外部资源的基础上，向市场提供有价值的产品和服务，以获得自身发展和实现自身价值的能力。表 3-1 是 2018 年上海财经大学中国 500 强企业竞争力指数排名，该指数综合考虑了企业的规模、盈利能力与成长速度。通过具体的竞争力数值，可以直观地比较不同行业及地区企业的竞争力差别。

表 3-1 2018 年上海财经大学中国 500 强企业竞争力指数排名

名次	企业
1	中国平安保险（集团）股份有限公司
2	华为投资控股有限公司
3	中国工商银行股份有限公司
4	中国建设银行股份有限公司
5	中国农业银行股份有限公司

续表

名次	企业
6	腾讯控股有限公司
7	中国银行股份有限公司
8	阿里巴巴集团控股有限公司
9	恒大集团有限公司
10	上海浦东发展银行股份有限公司

那么，什么是企业的核心竞争力呢？1990年著名管理学家普拉哈拉德和哈默在《企业核心竞争力》一书中首次提出"核心竞争力"的概念。他们认为核心竞争力就是"在一个组织内部经过整合了的技术、知识和技能，尤其是关于怎样协调多种生产技能和整合不同技术的知识和技能"。简单来说，企业的核心竞争力就是企业所拥有的具有价值性和不可替代性的独特能力。价值性即企业可以提供满足客户特异性需求的产品或服务；不可替代性是指企业竞争对手难以模仿和替代。

20世纪70年代初，迈克尔·波特在《竞争优势》中指出企业在市场竞争中处于五个竞争力之下，分别为同行业内现有竞争者的竞争能力、潜在竞争者进入的能力、替代品的替代能力、供应商的讨价还价能力、购买者的讨价还价能力，这些力量汇集起来决定着该产业的最终利润潜力。

在图3-1中，买方从需求方面与企业形成竞争，如在价格、质量、服务水平上；供应方从企业的上游与企业形成竞争，如在批量、价值、重要程度上；产业内对手与企业形成竞争，直接影响行业竞争的程度，如市场占有率、品牌地位；新进入者与企业形成竞争，其具有资本足、技术新、包袱轻的优势；当然，随着市场变化和技术进步，必然出现替代品，由于替代品的性价比较高，会对原有企业的产品形成威胁。

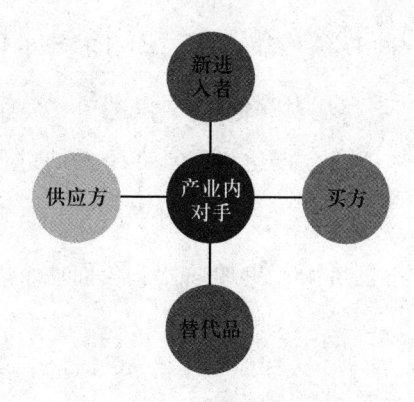

图 3-1　竞争的五种力量

二、竞争对手分析

首先我们要明确自己的竞争对手是谁。竞争对手可分为直接竞争对手、间接竞争对手和潜在竞争对手三类。其中，直接竞争对手是指在相同区域内具有相同目标客户、相同产品性价比的对手。

与竞争对手做得不同很容易，但比竞争对手做得好则不容易，这一点非常重要。因此，明确了竞争对手之后，我们需要经常调研竞争对手。企业可通过销售员、客户、经销商、供应商、展销会等了解竞争对手的策略。大部分跨国公司都设有知识管理部，并设专人管理，称为首席情报官（CIO）。

企业可以学习行业标杆，了解成熟产品的功能特性和目标用户，特别要注意那些竞争对手拥有而自身缺失的产品特性，以更充分地了解客户需求，制定产品战略和进行产品布局。

日本 7-Eleven 便利店的创始人铃木敏文曾说："你的竞争对手不是同行，而是不断变化的市场需求。"马云曾说："造就一个优秀的企业，并不是要打败所有的对手，而是形成自身独特的竞争力优势，建立自己的团队、机制、文化。创业者或营销人必须站在用户的角度进行理

企业新维度：重构经营之道

性思考。"有的企业过于关注竞争对手，处于被动的位置，而忽略了客户的需求。正如运动员的110米跨栏，运动员只有不断专注于自己的方向，跨越障碍，才能安全抵达终点。在跨栏的过程中，做到对竞争对手心中有数即可，如果专注于竞争对手的行动，定会磕绊不断。企业对竞争对手的分析也是为了更加贴切、全面地了解客户的需求和市场发展的方向。

> **案例分析：美的与格力的角逐**
>
> 美的和格力目前是我国家电行业中规模较大、竞争力较强的企业，两家企业在空调市场的竞争已经持续20多年。下面我们分别从产品布局、研发布局和智能制造三个方面分析美的和格力的竞争。
>
> 首先是产品布局。美的主张多元化发展，其产品链拓展能力很强大，小家电竞争力强，很多产品的市场占有率位于行业前三。而格力讲究专注，以空调销售为主，在冰箱和洗衣机方面不具优势。
>
> 2019年4月，格力在洛阳斥资50亿元兴建占地约1043亩的冰洗产业园，主要用于格力洗衣机、晶弘冰箱及配套产品的生产。此前，格力还在成都斥资50亿元建设了占地面积约1100亩的冰洗产业园。[1] 短时间内连续100亿元的投资，足以看出格力向"冰洗"领域发力的魄力，这不仅是其多元化战略的体现，而且是在"冰洗"领域对美的发起竞争的体现。
>
> 其次是研发布局，主要是对芯片的研发。家用空调的芯片主

---

[1] 贾丽. 格力斥巨资在洛阳兴建产业园 用于格力洗衣机、干衣机、晶弘冰箱生产[EB/OL]. 中国市场网，2019-04-01.

44

要分两类：MCU 驱动芯片和 IPM 模块。目前，美的拥有 IPM 模块的四个封装平台，IPM 模块已实现量产。同时，美的已经开始布局 IPM 模块内部半导体芯片的自主研发设计。

无独有偶，格力同样宣布进军芯片领域，并表示已掌握除空调芯片以外制造空调所需的全部核心技术，接下来主攻空调芯片设计技术。2018 年 8 月 14 日，格力设立珠海零边界集成电路有限公司，经营范围包括集成电路、芯片的设计与销售。2018 年 12 月，格力收购安世集团，完成后将间接参股安世半导体。

最后是智能制造。2013 年格力就曾建立智能装备有限公司，生产数控机床、工业机器人、精密模具、伺服电机等十多个品类。格力曾表示未来战略选择的重点是智能装备。美的也不甘示弱，2016 年收购世界领先的机器人企业——德国库卡机器人公司。2019 年 1 月 9 日，美的设立产业投资基金，规模达 10 亿~20 亿元，主要投资于先进制造和技术创新行业、智能制造和智慧家居行业等。

通过上述美的和格力的竞争，我们知道面对市场和经济的变动，保持一定的敏感性是企业必须具备的能力，包括对同行业竞争对手的品牌策略保持敏感。但是单单效仿竞争对手无疑是愚蠢的，必须在借鉴的同时，创造自身品牌的价值，即具有差异性和创新性。

第二节　五大竞争武器

日本松下电气创始人松下幸之助说过："一定要有竞争意识，才能彻底地发挥潜能。"如果你拥有很好的产品竞争战略，竞争的天平就会自然向你的方向移动，使你在竞争中走向成功和卓越。这里，笔者将产品竞争战略比作武器，下面逐一分析五大竞争武器。

一、武器一：低成本领先战略

低成本领先战略是指企业在提供顾客认为至关重要的产品特征和服务的前提下，加强内部成本控制，保持企业产品成本处于同行业的领先水平，获取持续高于行业平均水平的利润。笔者认为，低成本的概念不仅包括劳动力低成本和原材料低成本，还应包括盈利竞争模式低成本、规模化低成本、管理精细化低成本等。

运用这种低成本领先战略具有以下优势：首先，对行业的潜在进入者设置了较高的进入障碍；其次，增强了讨价还价的能力；最后，降低了替代品的威胁，可保持领先的竞争地位。但是这个武器也有较大的弊端：一是竞争对手容易模仿；二是购买者的兴趣也许会转移到价格以外的其他产品特征上；三是由于过度低价，利润率非但没有提高，反而下降了。

需要特别说明的是，低成本竞争的战略价值取决于其持久性，这就决定了低成本是一种战略导向，而不是解燃眉之急。只有持久的低成本战略，才能使企业维持高于平均水平的效益，形成竞争优势。企业可以选择在产品价值链的各个环节进行成本控制，以形成一种长久的竞争优势。

> **案例分析：娃哈哈的低成本领先战略**
>
> 娃哈哈十分重视低成本领先战略，将成本控制量化到每个员工，同时注重产品质量，通过产品研发与创新最大限度地降低生产制造的成本。例如，在生产阶段，娃哈哈追求生产设备高效

化，全面引进国外一流设备，虽然耗费巨资，但提高了娃哈哈后期生产的效率，提升了产品质量，使得单位成本降低。在采购阶段，娃哈哈追求后向一体化，娃哈哈的塑料瓶、瓶盖等包装材料多是自己投资生产，大量交易内部化，降低了原料的采购成本。在配送阶段，娃哈哈将每个生产基地的配送范围控制在500千米内，在每个产品的主要销售区域直接设生产分厂，就地就近生产，以减少产品的配送成本，加快产品的配送速度。另外，为了进一步控制运输成本，娃哈哈的配送调度部门导入了国际一流的SAP系统，虽然前期花费巨大，但是对于娃哈哈长期的成本控制是有效的。

案例分析：沃尔玛的低成本控制政策

沃尔玛的服务宗旨是帮助每一位顾客省钱，其几十年如一日地坚持商品售价比其他商店便宜。支撑沃尔玛低价策略的正是其低成本的管理。沃尔玛在价值链的每个环节上都保证极致的低成本，包括采购、物流、库存、经营、广告等环节。下面就让我们了解一下沃尔玛的低成本控制政策。

采购方面：沃尔玛采取直接购货的政策，由总部统一向工厂直接购货，减少中间商环节，大量的集中采购也使沃尔玛获得了话语权。沃尔玛曾做过统计，这种向生产厂家直接购货的策略使其采购成本降低了2%~6%。

物流方面：沃尔玛设立配送中心，用于服务周边的门店，配送中心一般可以满足附近100多个零售店的需求。在美国，沃尔玛基本上以320千米为一个商圈建立一个配送中心，使得运输半径又短又均匀，缩短了送货时间，也降低了送货成本。2019年7月，沃尔玛开放了华南生鲜配送中心。作为沃尔玛中国首个定制化设计建造的生鲜配送中心，其耗资超过7亿元。华南生鲜配送中心设计的规模是服务200多家门店，目前已经为广东、广西等地的100多家沃尔玛及山姆会员店配送商品。沃尔玛表示，未来还将继续投资80亿元，新建或升级10余家物流配送中心。①

沃尔玛还拥有自己的运输车队，车上安装有全球定位设备，同时沃尔玛用一种尽可能大的卡车运送货物，车中的每个空间都被填得满满的，这样保证车队以一种高效、满负荷的状态运行，从而节省成本。有数据统计显示，沃尔玛门店每日配送的物流成本率仅为3%，远优于竞争对手。

广告方面：沃尔玛极少做广告，节约了费用。压缩广告费用是沃尔玛保持低成本领先战略的一个法宝。沃尔玛坚持"价廉物美的商品就是最好的广告"。

库存方面：最值得一提的要数沃尔玛先进的配货和存货系统。早在20世纪70年代，沃尔玛就开始使用计算机进行管理，建立了物流管理信息系统，沃尔玛也是全球第一个实现集团内部24小时计算机物流网络化监控的企业。

20世纪90年代，沃尔玛采用了POS机，公司总部的高性能电脑系统与配货中心和商场的POS终端机联网，当商品存货减少到最低数量时，计算机就会发出购入订单信息，各分店的订单将会传送到邻近的配送中心，由配送中心向供应商统一订货。这一系统流程可以使沃尔玛及时掌握商品的进、销、存情况和市场需

---

① 乐琰.沃尔玛拟在华投资80亿元，再建或升级逾10家物流配送中心[EB/OL].第一财经,2019-07-01.

求趋势，及时采购，做到不存货、不压货、不断货，降低库存管理费用。

经营方面：山姆·沃尔顿及沃尔玛后来的管理者都秉持节俭的美德。山姆·沃尔顿曾立下规矩，沃尔玛一般性管理费用要严格控制在销售额的2%以内。即便是高层管理者出差也通常选择廉价的机票和住宿。沃尔玛也培养员工勤俭节约的习惯，其商品损耗率仅有1%，这极大地降低了经营成本。但是沃尔玛对于设备很舍得投入，每一分钱都花在刀刃上，如沃尔玛花费巨资发射卫星，早期对计算机网络进行投入，并且对智能化、数字化设备进行投资。现在看来，这些都是沃尔玛为实现长期低成本运营的明智之举，使得沃尔玛走在了世界零售业的前列。

二、武器二：差异化竞争战略

差异化竞争战略是指在产品价值链的某些环节上形成与众不同的特色，从而赢得客户，如在同质市场上企业采用不同的设计、包装，或者附加某些功能以示区别。

具体来看，差异化可以体现在企业价值链的各个方面，下面我们从企业产品、服务和品牌的差异化进行介绍。

首先，产品的差异化。不同企业生产的同类产品总是存在差异，体现在产品的外形、性能、质量及耐用性等方面。产品的差异化是企业最基本的差异化战略，有了差异化且具有竞争力的产品，企业才有立足市场的基础。

其次，服务的差异化。具体体现在产品订退货便利性、交货及时性、客户培训咨询及售后维修等各种附加服务方面。服务的差异化主要是为了获得竞争优势，增强产品服务对客户的预期价值。

最后，品牌的差异化。这主要体现在品牌标志、品牌宣传及品牌事件等方面。品牌的差异化可以加深企业品牌在消费者心中的印象，增强消费者对产品的信任，提升消费者对产品的好感，增加产品在同类商品中被选择的概率。

企业差异化竞争战略通常是一个综合的结果，是企业追求"不完全替代性"的体现，是探求消费者真正需求的过程。通过差异化企业的产品、服务和品牌，可以使客户对企业的预期价值增加。

但是实行差异化竞争战略是有风险的，因为客户的需求会随着科技和收入的变化不断改变，企业昨天的差异化优势会变成今天大众化的劣势。再者，差异化竞争战略的最大弊端是竞争对手会很快模仿。差异化的优势不会一直保持，企业如果采取单一产品经营策略，将渐渐被市场抛弃，被后来者碾压。娃哈哈的发展正验证了这一结论。

我们知道，娃哈哈的主产业是饮用水，旗下的矿泉水、营养快线、八宝粥等产品曾销量火爆，这让娃哈哈2013年的销售额一度达到783亿元。然而，在市场创新产品层出不穷的时代，娃哈哈并没有随着消费者需求的变化和审美的提升对产品进行升级创新，依旧坚守着八宝粥、AD钙奶、瓶装水等传统产品。可想而知，娃哈哈的"蛋糕"正在被竞争对手分食。例如，矿泉水正面临着华润怡宝、农夫山泉、百岁山的挑战；AD钙奶的市场被小洋人、旺仔牛奶等竞争对手压缩；汇源果汁和非常可乐也被收购；营养快线更是渐渐淡出消费者的视野。近年来，娃哈哈的营业收入逐渐下降。

"唯有变才是不变"，企业的差异化竞争战略若想持久，只有不断创新，以创新应万变，适应客户不断变化的需求，应对竞争对手的追赶蚕食。

每一个差异化竞争战略案例的背后都是一次大胆的创新,一次对市场的重新选择。而在这一过程中,不乏许多失败者。

案例分析:五谷道场推出非油炸方便面

五谷道场的创办者王中旺去日本考察的时候,了解了非油炸方便面的工艺,便决定以"非油炸,更健康"的差异化定位进入方便面市场。2005年11月上市第一个月,五谷道场的销售额达到600多万元,2006年销售额达5亿元,2008年销售额更是达到20亿元。随后,五谷道场开始大规模扩张,在全国迅速建立38家分公司、80多家办事处。①

但是,当热度和新鲜感散去后,市场不免开始考虑"非油炸"这一创新的合理性。我们知道,消费者选择方便面的前提并不是健康和营养,五谷道场高估了市场对于非油炸的期望。方便面作为一个快速消费食品,消费者更加注重的是口味和方便。非油炸方便面是用烘干的方式干燥,烘出来的面硬,脱水不充分,口感大大逊色于油炸方便面。而且由于制作工艺的不同,非油炸方便面需要泡10分钟,并且不建议干吃,这都无法满足消费者选择方便面的"方便"心理,对于消费者来说并不方便。因此,消费者回购率并不高,市场不买单,销售每况愈下。

上述案例说明了重要的一点:差异化的表达方式可谓千姿百态,关键是与众不同的招数要有效果。你是谁不重要,客户想你最重要。我们知道,客户最基本的需求价值元素不外乎功能和情感。如果在这两点你和别家做得不同,又做得很好,你就有竞争力。

---

① 李明利.五谷道场:本以为跳进了蓝海,却惹怒了整片红海[EB/OL].搜狐网,2017-03-24.

案例分析：农夫果园推出混合果汁

农夫果园刚进入市场时，果汁饮料市场竞争激烈，农夫果园正是采用了差异化竞争战略，打造出产品的独特卖点。农夫果园选择混合果汁作为突破点，因为虽然市场上果汁口味众多，如橙汁、苹果汁、葡萄汁等，但都是单一口味。农夫果园决定尝试"混合口味"路线，不仅将多种口味的果汁进行混合，如将菠萝汁、芒果汁、番石榴汁混合，还增加了蔬菜汁与果汁的混合，如将橙汁、胡萝卜汁、苹果汁混合。这使得农夫果园有效地避开了竞争对手的竞争。

混合果汁的推出如愿吸引了消费者的眼球，契合了消费者对于营养的需求。在人们普遍的意识中，混合果汁的营养更加全面，更符合人体对各类营养元素的需求。在营养满足的前提下，农夫果园在口感上也做到了更加独特，其将各类水果和蔬菜风味融合互补，调制出口味独特的混合果汁。

"喝前摇一摇"，无疑又是农夫果园的一大差异化竞争战略。细心的消费者其实可以发现，不少果汁饮料的产品包装上都会有"如有沉淀，为果肉沉淀，摇匀后请放心饮用"这样的提示，但是农夫果园将这一提示作为一个卖点，新颖地表达出来。"摇一摇"这一经常性的提示，突出了农夫果园产品果肉含量高的优势。

正如上述几个案例所展示的，差异化竞争战略可以应用在公司的各个层面，从企业文化、品牌形象、产品特色、产品品质到管理模式，均可体现一个公司的独特价值。

三、武器三：目标集中战略

目标集中战略又称为聚焦战略，是指瞄准某个特定的用户群体，或瞄准某种细分的产品线或某个细分市场，进行密集性经营。具体包括产品线聚集战略、顾客聚集战略、地区聚集战略。

产品线聚集战略是指专注于做产品线上的某一细分区段，如方太致力于经营油烟机、消毒柜、灶具、燃气热水器等厨房用具，经过其精心经营，目前已基本垄断了高端市场。顾客聚集战略是指企业主攻某一特殊的客户群，为其提供服务，如足力健是国内一体化经营专业老人鞋的综合型企业。地区聚集战略是指企业选择某一地区为主要目标市场，如上海的锦江、申花等地区性汽车服务公司。

使用这个武器去竞争有一个明显的优势，那就是集中使用企业所有的力量和资源，有针对性地、更好地服务于某一特定的目标，能快速应对市场的变化，针对竞争对手最薄弱的环节采取行动。当然它最大的风险在于企业会付出很高的代价，抵消企业为目标市场服务的成本优势，而且众多的竞争者容易模仿这一战略，瓜分细分市场的利润。一般来说，退出成本和代价往往很高。

目标集中战略的精髓在于企业可以比行业内的其他对手提供更好、更有效率的服务，也就是在小市场中独树一帜。对于刚刚进入市场的中小型企业来说，采取目标集中战略切入市场无疑是一种有效选择。在资本底子不足、技术水平不甚完善时，中小型企业切不可急于求成，贪大求全，而要"小而专"，并向"小而精"的方向前进，逐步形成自身的专业化优势，打造核心竞争力。

很多公司开始也有明确的发展战略，但由于市场的诱惑，不知不觉地偏离了发展方向，追求规模，结果因资源有限而分散，导致分身乏术，丧失优势，只能是"画虎不成反类犬"，甚至消亡。因此，砍掉不擅长的业务，专注于自己的优势领域，走专业化和精细化的道路，是企业获取非对称式竞争力的最佳选择。

案例分析：巴奴的目标集中战略

提到巴奴，我们脑海里首先想到的就是毛肚，这也正是巴奴的特色之处。2012年底，巴奴决定将发展从服务上转移，聚焦在"真材实料"的菜品上，提出"服务不是巴奴的特色，毛肚和菌汤才是"的理念。

首先，巴奴坚持做健康、纯粹的好火锅。巴奴刚设立之时，火锅行业普遍存在技术含量低、卫生状况差等问题，特别是对于毛肚这种火锅必备食材的处理，基本都先用工业烧碱浸泡胀发，再用福尔马林、硼酸、过氧化氢等保鲜，毋庸置疑这种加工方式会使菜品上残留有毒有害的化学物质，危害消费者的健康。但是巴奴杜绝使用火碱发制毛肚，而是与西南大学合作，研发了加工毛肚的技术，成为行业内首家采用"木瓜蛋白酶嫩化"技术加工毛肚的企业。这种技术虽然比火碱发制技术的成本高了好几倍，但是其脆嫩的口感是后者无法比拟的。该技术还保留了毛肚的营养，甚至提高了行业制作毛肚的标准。

其次，巴奴坚持使用最好的原材料。对于火锅，最重要的便是锅底。巴奴的锅底是由30多种食材炒制而成，巴奴对这些食材的采购管理极其严格，每一种食材都坚持原产地采购。其中，辣椒采用重庆市石柱县的石柱红辣椒，其有着"辣而不燥"的特质；花椒采用四川省茂汶县的大红袍花椒；姜采用贵州省的黄口姜；豆瓣酱采用四川省的郫县豆瓣酱。

> 最后，巴奴具有领先、严谨的生产工艺。现以巴奴的特色毛肚来说，毛肚的制作要经过12道严格的工序，时间不超过24小时。所有环节全部合格后，方可通过冷链运输，快速运往各地门店，各门店还要进行验收，合格后方可销售。巴奴的底料不仅严选原材料，在制作的过程中还要经过13道工序，若一项检测不合格，那么同批次的底料将全部作废。

上述例子使我们认识到，资源越有限，越要懂得目标集中。对企业家来说，成功来自简单、专注和重复。

四、武器四：资源导向战略

企业是有形资产和无形资产的集合，这些资产都是企业的"特色核心竞争能力"，而资源导向战略就是通过这些资产在众多市场的协调整合来创造价值。资源和事业、结构和系统、流程和业务是资源导向战略模型的三大元素。如果整合这些元素，一直追求一个愿景，并得到适当的目标和目的的激励，就可以创造出企业优势。

> **案例分析：保时捷的资源导向战略**
>
> 保时捷具有独特的价值定位，选择跑车作为主产品。相对于其他跑车，保时捷跑车与众不同，是"日常使用的终极跑车"，是一辆客户可以开着上下班的亲民跑车。为了满足不同消费者的需求，保时捷生产多种类型的跑车，如入门级跑车（Cayman和Boxster）、高级跑车（911系列）、超级跑车（911GT2）、四门跑车（Panamera和Rapide）。其中，911车型于1963年问世，到现在仍然有很广泛的市场。

企业新维度：重构经营之道

除了"日常使用的终极跑车"外，保时捷的甲壳虫车型也独具特色，在消费者心中形成了非常明显的意识差别，具有很强的排他性。另外，值得称赞的还有保时捷的后置式发动机。为了达到较好的性能，保时捷在发动机上可以说是不惜成本。

保时捷为客户精心设计价值链，在二手车、定制车、金融服务和售后服务方面提供多样化的产品方案和服务。针对中国市场活跃的现状，保时捷中国在组织机构升级中独立出客户关系管理部门。2018年在广州成立首个零售体验展厅e享空间，通过多媒体墙、互动装置等一系列数字化设施进行车辆定制，给客户带来一种全新的购买体验。目前，定制化已经成为保时捷的特色之一。

保时捷在中国的销售采用直销模式，2010年在上海设立了第一家直营店。直营店的模式可以使保时捷更加直接地控制所在地的经营风险和市场变化，使销售策略执行得更加彻底和直接。保时捷下一步将布局电动化，按照计划，到2022年保时捷将在电动化领域投资60亿欧元。这笔投资将用于保时捷首款电动跑车（Mission E）的研发、生产线的准备及现有电动车型和混合动力车型的开发升级等方面。

这个案例告诉我们，保时捷的资源导向战略是通过结构和系统这个元素实施的，如直营店的模式和对于电动化的布局。

案例分析：捷蓝航空的资源导向战略

捷蓝航空主要是提供长线航线以及地区航线。正如捷蓝航空的定位——"更好的服务，更舒适的空间"所说，捷蓝航空专注于为乘客提供更好的服务。捷蓝航空最著名的是它舒适的环境，如经济舱有全世界最大的座椅间距，给顾客充足的腿部空间，让顾客在长途飞行的过程中可以获得更好的飞行体验。2019年，捷蓝航空对一架A320飞机进行了重新改装，将座椅更换为可调节枕头的柯林斯Meridian座椅，并更新了娱乐系统，使乘客可以在10.1英寸的屏幕上观看超过100个电视频道，提升了乘客的飞行体验。另外，捷蓝航空是美国唯一一个选择不对航班进行超售的航空公司，也是首先采用100%无纸化机票服务的航空公司。

这个案例告诉我们，捷蓝航空的资源导向战略是通过流程和业务这个元素实施的，如人性化的航空服务、舒适的座椅体验以及无纸化的票务服务。

五、武器五：价值创新战略

价值创新战略俗称蓝海战略。蓝海战略代表着战略管理领域的范式性转变，核心观点是价值创新。

价值创新追求的不仅是技术上的进步，而且是在此基础上的"差异化"和"低成本"的结合，即以较低的成本为客户提供价值上的突破并以此吸引客源。换句话说，价值创新根本上是一种经营战略的创新。

案例分析：农夫山泉的价值创新战略

提到瓶装水，我们总能想到农夫山泉的"我们不生产水，我们只是大自然的搬运工""农夫山泉，有点甜"这些宣传语，这也成为农夫山泉开辟蓝海市场的法宝。

在农夫山泉天然水上市之前，市场上普遍存在的是纯净水。

对于纯净水，学术界和市场普遍认为其在过滤有害物质的同时，也滤去了人体必需的微量元素，降低了水的溶解力、渗透力、代谢力等指标。农夫山泉以此为突破点，避开了竞争激烈、利润渐低的纯净水市场，推出了含有多种营养物质和生理活性的天然水，强势进入消费者心智。

农夫山泉的创新有两点。一是"天然水"。宣传"天然水"的优越性，用千岛湖这一优质的自然资源为品牌背书。农夫山泉坐拥国家一级水资源保护区——千岛湖，其水源取自千岛湖水面以下70米pH值最适宜的那一层，这为竞争对手设置了较高的进入壁垒，与其他纯净水企业形成明显差异，使得纯净水企业一时无力还击。"水源地建厂、水源地生产"的标签直击消费者内心，无形中增加了消费者对品牌的信任。农夫山泉还将千岛湖的风景印在包装瓶上，无形之中也向消费者展示了水质天然健康的特色。

二是"农夫山泉，有点甜"。当市场上的瓶装水集中在突出水质如何卫生纯净的时候，农夫山泉另辟蹊径，以"有点甜"作为着力点，突出水质的口感，形成自己独具特色的记忆点。这暗示了农夫山泉水源的优质，最大化地呈现了产品的差异化特点，将饮用纯净水这种简单的需求上升到了有主观感受的层次。

另外在产品包装上，农夫山泉也努力创新，率先使用了4升包装的饮用水瓶，增加了消费者使用饮用水的优越感。农夫山泉又设计了运动型的包装，采用运动瓶盖，其创新点在于瓶盖可以被直接拉起，一改以往旋转开启的方式，十分别致。

近年来，农夫山泉推出了更加细分的产品种类，如率先推出婴儿水、玻璃瓶装水、青少年运动盖装水等品质更高的细分商品。

第三章　企业五大竞争武器及产品定位深化和创新

> 在产品创新方面，农夫山泉为了迎合市场上年轻消费者的需要，推出了低温冷链植物基酸奶，其主要原料为植物蛋白，强调"零胆固醇、低饱和脂肪"。
>
> 从农夫山泉的案例我们发现，企业要想开拓蓝海市场，应将关注点扩大至潜在客户，以大多数客户的共同需求为价值开发点。

以上内容给我们的启示是：价值创新其实是一种价值链的重组和联合，是一种成本结构的变化。无论是基于价值链的成本创新，还是资源组合，价值创新模式并不是以牺牲利润为前提的，否则这种模式就会失败。

第三节　企业产品定位深化和创新

一、产品定位深化

所谓产品定位深化，就是企业在确定目标市场之后，在市场竞争激烈的条件下，通过品牌、企业形象识别系统（CIS）等多种手段，进一步差异化，从而达到避开低层次竞争、建立位置优势的目的。

产品定位深化战略存在的基础是差异化，这种差异化最终体现为产品差异化。要使产品定位深化，就要做到五大差异化，具体如下。

（1）可供利用的产品差异化。体现在产品特性（指产品基本功能特征）、产品性能（指产品主要生产水准）及规格一致性等方面。

（2）可供利用的服务差异化。体现在交货、安装服务、修理服务、咨询服务、顾客训练、其他特色服务方面。

（3）可供利用的人员差异化。体现为具备很好的技能与知识，态度友善,提供标准的职业服务,沟通及时。

(4)可供利用的形象差异化。体现在企业符号、书写字体、影视媒体、气氛、事件等方面。

(5)选择差异化。包括独特性、获得性、易记性。

案例分析:Keep 的产品定位深化

先来看几组数据。2018 年美国的健身渗透率为 27.81%,而我国的健身渗透率还不到 1%。[①]2016 年,国务院印发的《全民健身计划(2016—2020 年)》提出,到 2020 年,每周参加一次及以上体育锻炼的人数达 7 亿,经常参加体育锻炼的人数达 4.35 亿,体育消费总规模达 1.5 万亿元。以中国巨大的人口基数来看,我国的健身市场有巨大的发展空间。

2015 年,Keep 上线。自创立之时,Keep 就不断挖掘用户需求,丰富产品内容,深化产品定位。

成立以来,Keep 已经从最开始的基础健身 App,如推出减脂、缓解肩颈疲劳等课程,发展为包括瑜伽、户外跑步、骑行、登山等的垂直运动社区,并已经有超过 1200 套健身课程。

另外,Keep 还致力于不断提升课程质量,以实现更好的客户体验。根据用户的反馈,Keep 改善了体测版块的服务,如针对对身体不同部位有健身要求的用户,以及不同体质和不同体态的用户,Keep 体测版块增加了体型、体质、体态、疾病和基因测试,以搭配出更加切合用户体型、体质、体态的健身内容,达到更好的健身效果。对于运动课程的推荐,Keep 会考虑用户的健身需求,如运动的目标、部位及运动的难度,并对推荐课程进行详细

---

① 人人都是产品经理.互联网下半场,Keep 将如何深化它的健身生态?[EB/OL].搜狐网,2019-05-08.

的解释，包括针对的部位、达到的效果、适宜和禁忌人群、其他用户的反馈效果等，让用户更加全面地了解课程内容。

不只如此，Keep还不断加强服务的差异化，深化产品定位。

（1）建立线下健身场景。例如，创造Keepland运动空间，运动空间被划分为多个区域，每个区域前都有电子屏幕，与手机呈现的屏幕效果相同，播放动作要点和倒计时。特别的是，在运动空间，教练可以通过手环设备采集用户在整个运动过程中产生的数据，实时监测用户的身体状况和卡路里消耗情况。2019年5月，Keep在举办的技术开放日活动中展示了利用3D相机结合AI视觉算法对用户进行3D多关节点实时重建的技术，这个技术可以对重建的人体多个关节点进行时间序列的标准动作匹配，以此指导用户标准运动，提高运动效果。

（2）提供虚拟健身教练服务。Keep注重用户运动过程的数字化运营，为用户提供了运动数据记录、分享、评估功能。运行以来，Keep已经积累了超过20亿条运动数据，能够画出每个用户的画像，以此提供专属的虚拟健身教练服务及个性化的健身指导。

（3）打造线上的自由运动场。Keep拥有十分活跃的垂直社区，用户可以在这个运动场中认识更多有相同健身需求甚至有相同兴趣爱好的人，与超过两亿的用户一起分享健身的乐趣。

2019年8月，Keep发布了与创维合作的一款AI大屏互动健身产品。这款产品通过AI技术识别用户关节点运动的轨迹，对用户的动作提出必要的纠正和指导，可以让用户在没有教练指导的情况下也能高效地锻炼。这款产品让健身活动更加贴近家庭生活场景，迎合了更多人的健身需求。

> Keep 在深化产品定位的路上不曾停歇。2019 年 10 月 5 日，Keep 获得来自腾讯的 C+ 轮战略投资，目的是将更多的资金用于深耕内容和品牌，继续打磨产品，提升用户体验。

二、产品定位创新

所谓产品定位创新，是指企业结合自身能力，根据顾客的生活习惯和社会、技术的变化，分析现有客户的潜在需求，通过理念再造、产业先导等一系列策略，在顾客心目中创造新的位置，从而在创新市场上建立自身优势的过程。

以哈默和普拉哈拉德的超越顾客需求为基础，构造企业创新战略的作用模型，如图 3-2 所示。

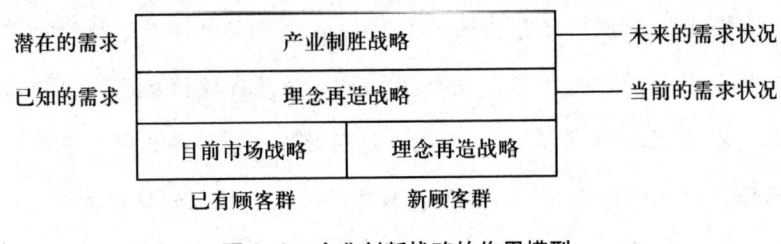

潜在的需求	产业制胜战略	未来的需求状况
已知的需求	理念再造战略	当前的需求状况
	目前市场战略	理念再造战略
	已有顾客群	新顾客群

图 3-2　企业创新战略的作用模型

由图 3-2 可以看出，要从已有顾客群拓展到新顾客群，就要从已知的需求向潜在的需求深入，从当前的需求状况向未来的需求状况转换，这需要理念再造、产业制胜战略。

所谓理念再造，是指评估现有理念，调查客户的潜在要求，通过重新审视法或比较推理法提出新理念，并予以推广。例如，抖音就是在原有短视频的基础上，融入了音乐、舞蹈等元素，从而占据了当代人的琐碎时间，获得了消费者的青睐。

所谓产业制胜，是指全程竞争理念。如导入期时，竞争对手不多；到了成长期，竞争增加；到了成熟期，竞争激烈；到了衰退期，大部分竞争对手退出。企业要对竞争准则进行创新，重划产业界线，创造全新的产业。例如，农夫山泉针对纯净水市场竞争激烈、利润渐低的现状，另辟蹊径，提出了"天然水"的概念，以"有点甜"作为着力点，突出了水质的口感，改变了市场以"水质如何卫生纯净"为竞争准则的现状。

从图3-3中可以看出，企业针对目标市场，通过五大竞争武器，获得核心产品、基础产品、部分期望产品的利润；针对产品定位深化，通过五大差异化，获得期望产品、附加产品、部分潜在产品的利润；针对产品定位创新，通过理念再造、产业制胜战略，获得潜在产品、更新产品、全新产品的利润。

核心产品、基础产品、期望产品、附加产品、潜在产品、更新产品、全新产品

五大竞争武器　　五大差异化　　理念再造、产业制胜

目标市场　　产品定位深化　　产品定位创新

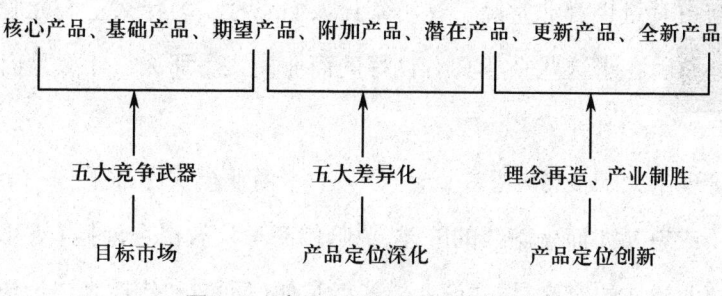

图 3-3　产品定位深化和创新模式

产品定位创新是企业发展进步必不可少的一环。中国市场是一个长期的买方市场，在总供给大于总需求的情况下，企业仅仅模仿他人是难以成功的。企业竞争力的强弱往往取决于其创新的水准，只有走创新之路，深化产品定位，企业才能找到合适的营销方式。为了保持消费者的忠诚度，企业必须根据消费者需求的变化，删除某些不妥当的定位点，或增加一些新的定位点，适时创新品牌。

第四章

商业模式和营销模式

第一节　商业模式研究

企业成功与否，关键在于商业模式。例如，汉庭、如家都是做经济型酒店的，近年来它们在该行业一直处于快速发展之中，市场的知名度与占有量也都非常高。这不禁让人们思考：为什么它们能脱颖而出呢？原因在于这些企业具有良好的商业模式。那么，什么是商业模式呢？

管理学大师彼得·德鲁克曾说："一个商业模式不外乎是一个组织如何（或想要如何）赚钱的陈述。"哈佛商学院教授克莱顿·克里斯坦森对商业模式的定义是："商业模式就是如何创造和传递客户价值和公司价值的系统。"简单来说，商业模式就是"如何做生意"，本质就是企业通过什么样的方式提供什么样的产品来赚取利润。

通常来说，商业模式包括五个要素。一是定位，即企业应明确提供什么样的产品和服务来实现企业的用户价值，因此所有商业模式的起点都是用户的需求和痛点。二是业务系统，即与企业定位相关的客户、供应商和其他内外部利益相关者之间所形成的交易与合作，包括如何将产品销售给潜在客户。三是获取关键资源的能力，即维持企业业务系统的有形和无形资产、技术和能力，如品牌优势、专利技术、独特地理位置、独占合约等。四是盈利模式，即企业赚钱的方式，例如，如何控制成本、开拓渠道、赚取利润，这是企业商业模式的价值所在，是验证商业模式是否正确的唯一标准。五是自由现金流结构，即企业预期未来可以产生的自由现金流的贴现值，是商业模式的归宿。

商业模式是没有固定标准的，也不存在完美的商业模式，成功的商业模式就是贴近企业和市场，最能满足客户需求，最能促进企业盈利的模式。"21世纪中国最佳商业模式"评选活动每年都会选出一些引领行业方向、创造新的经济增长点、具有创新实践特性的商业模式，2018年获奖名单如表4-1所示。

表4-1 "21世纪中国最佳商业模式"评选2018年获奖名单

奖项	公司名称
21世纪中国最佳商业模式创新奖	河南双汇投资发展股份有限公司
	平安国际融资租赁有限公司
	万达电影股份有限公司
	红星美凯龙家居集团股份有限公司
	上海来伊份股份有限公司
	老凤祥股份有限公司
	好未来教育集团
21世纪中国最佳商业模式奖	平安好医生
	慧聪集团
	瑞幸咖啡
	曹操专车
	多益网络
	朴石地产

续表

奖项	公司名称
21世纪中国最佳商业模式奖	亚朵
	猩便利
	HOUSE PRO 生活心选
	以诺教育
21世纪中国最佳创新医疗实践奖	平安健康（检测）中心
21世纪中国最佳创新互联网平台	社惠拼
21世纪中国最佳创投机构	德同资本
21世纪中国最佳新零售实践奖	MINI ZEBRA
21世纪中国最佳员工福利服务商	FAFULI
21世纪中国最佳IT设备租赁平台	艾特租
21世纪中国最具科技创新能力奖	信用算力
21世纪中国竹纤维纸巾最佳创新奖	无染

资料来源：《21世纪商业评论》。

当然，企业的商业模式不是一成不变的，处于不同发展阶段的企业应当具有不同的商业模式。要使企业做大做强，企业家要根据企业当前所处的发展阶段，时刻思考商业模式的适用性和即时性，不断地验证和改进，改变企业与利益相关者的交易结构，选择恰当的商业模式，主动迎合时代发展的新趋势。

商业模式创新可以改变原有的行业格局，让企业实现快速发展。近几年新的商业模式层出不穷，迭代创新的速度也越来越快，依托O2O、移动互联网技术的商业模式创新风起云涌，形成了平台模式、租赁模式和社区模式，它们之间既有区别又有联系，下面我们一一介绍。

一、平台模式

平台模式是指依托于虚拟或真实的交易场所，以此连接合作参与者和客户，促成供求双方或多方的合作和交易，以收取合适的费用或赚取差价的一种商业模式。

平台模式兴起于软件、电子商务、社交媒体等直接面向终端消费者的平台，国外如微软、亚马逊、Facebook、谷歌等，国内如腾讯、阿里巴巴、百度、京东等。之后平台模式向各个行业扩展，如住宿旅行、交通出行、工业制造等行业。具体来看，网约车平台，如Uber、滴滴，主要为司机和乘客提供信息中介服务；电商平台，如eBay、淘宝，连接了店家和消费者之间的交易；社交平台，如Facebook、微信，提供了用户之间沟通的途径。

平台模式的五个构成要素为：一是潜在用户，这是该模式形成的关键；二是业务系统，即平台本身，其对交易者进行需求匹配，监督交易的完成；三是平台的关键资源，如搜索引擎、社交网络、视频网站等服务，吸引潜在用户转变为活跃用户并增加用户的黏性；四是盈利模式，一方面是大量活跃用户带来的广告变现机会，另一方面是活跃用户吸引的第三方增值服务提供商的利润分成；五是企业价值，即平台经济的增值性，平台企业要能为参与者提供有收益的服务和产品，从而最大化客户价值以及服务价值。

目前全球最大的100家公司中，一半以上公司的大部分收入来自以平台为媒介的网络服务。截至2018年9月，以市值统计的全球最大的15家互联网公司全部是基于平台模式运营。

> ## 案例分析：Airbnb 的商业模式
>
> 作为一家住宿租赁服务公司，Airbnb 不拥有任何房间和旅行项目，其诞生的背景是美国次贷危机，次贷危机使得大量优质的房屋、公寓资源闲置。Airbnb 嗅到了商机，直接从个人房东手中获取房源并进行短期出租，巧妙地将闲置的房源和人们的需求结合在一起，既降低了房屋资源的闲置率，合理利用了闲置的房屋，又满足了人们在外旅行的归属感，颠覆了酒店服务行业传统的经营模式。
>
> Airbnb 为了更加精确地服务客户，将房源信息尽可能地精细化分类，让客户能够更加快速、精准地搜寻到自己需要的理想房型。2018 年 3 月，Airbnb 推出了四个新的房型：度假屋、特色房源、住宿加早餐，以及精品酒店。Airbnb 有各式各样的住宿体验，例如，仅在 2019 年跨年夜就有 2574 名房客入住城堡，1031 名房客入住树屋，121 名房客入住风车。[①]
>
> 另外，Airbnb 作为一个平台，作为幕后的监管，更注重对房源的质量审核。例如，Airbnb 推出了"爱彼迎 Plus"，在该标准下所有房源都将经过人工筛选，以满足那些追求更高住房品质、更出色服务、更舒心住宿体验的客户。房东在申请时也面临比较严格和细致的标准，如房屋必须满足 4.8 颗星的评价等级、零取消率、每年入住超过 10 次，以及包括清洁度、舒适性、设计风格、网络及娱乐设施等在内的 100 多项认证标准。
>
> Airbnb 深谙平台模式下房东是带给客户美好体验的最直接的影响者，因此 Airbnb 对于房东的教育投入很大，如在上海建立了

---

① Airbnb 爱彼迎全球 2018 年终回顾[EB/OL]. 执惠,2019-01-16.

> 全球首家房东学院（Airbnb Host Academy，AHA），开展线下培训。Airbnb对房东的培训包括线下设计课程、线上房东微信推文、待客秘籍、房东指南等，涵盖房东待客的各个方面。

二、租赁模式

租赁模式是指产品和服务的出租方以酬金作为条件在约定的时间内让渡闲置物品的使用权，承租人不直接享有物品的所有权，而是以租、借的方式获得物品的使用权，承租人满足使用需求，出租人获取一定回报的一种商业模式。

在我国，租赁经济的早期形式是共享经济。共享经济最早由美国得克萨斯州立大学社会学教授马科斯·费尔逊（Marcus Felson）和伊利诺伊大学社会学教授琼·斯潘思（Joel Spaeth）于1978年提出。共享经济的本质是整合闲置的物品、劳动力、社会资源等，使得需求者可以以较为低廉的价格享用资源，共享的本质其实就是租赁。

共享经济模式引入我国之后得到了迅猛的发展。以共享单车为首发阵容，租赁模式逐渐扩展到生活的各个领域，如知识技能、生活服务、房屋租赁、交通出行等。

目前共享经济已经进入下半场，以信用取代押金的新租赁经济已见雏形。哈罗单车作为后起之秀，之所以能屹立于单车市场，就是因为顺应了这一经济模式，用户只需按次使用付费，没有押金和强行捆绑的月卡等额外成本。以信用为背景的免押模式逐渐成为主流趋势。

新的租赁经济主要以信用为基础，通过信用连接企业和客户，降低了租赁双方信息沟通的成本。免押模式则降低了客户的准入门槛，相应地降低了客户成本和资金风险。担保方式是以客户的信用分来代替，客户的违约成本是个人信用。

租赁经济在扩展消费、为企业和客户创造价值的同时，形成了"绿色"消费模式，因为租赁模式实现了产品"租—用—还—再租"的多次循环利用，避免了过度浪费。

目前很多互联网巨头开始布局租赁经济，已有超过百亿的资金进入信用租赁领域。以芝麻信用为例，截至2018年12月，芝麻信用免押金信用服务已经覆盖全国超过380个城市，涉及酒店、租房、民宿、租车、数码等38个行业。更多品牌和企业开始涉足租赁经济，通过租赁的方式拓展消费者。

现在租赁平台多了起来，租赁的商品也越来越多。租赁模式最大的特征是使用权与所有权的分离，"以租代买"正逐渐成为新一代消费主力军的价值取向。被誉为"硅谷预言帝"的凯文·凯利早在2015年就在《必然》一书中提出："未来资源的使用权将比所有权更重要，人们将通过获得服务的方式取代'占有'实物。"租赁模式在降低客户使用门槛、缓解资金压力的同时，还能解决客户不善于维修物品以及收纳和储存的问题。

案例分析：易点租的办公设备租赁服务

根据IDC（互联网数据中心）的相关报告，世界前二十五大IT市场的IT租赁渗透率在8%左右，美国的租赁渗透率在10.2%左右。在美国，59%的办公电脑通过租赁方式获得；在欧洲，63%的IT类上市公司采用设备租赁模式；而在中国，设备租赁的市场占有率仅为3%。但是在中国，大约有5000万家中小企业，每天都有1.6万家新设的小微企业，可见中国"以租代买"的渗透率还有很大的提升空间。

> 2015年，易点租抓住市场时机，成立了一个办公设备租赁与服务平台，为企业提供办公设备租赁服务。易点租的特色主要体现在以下几个方面。
>
> 一是免押金服务，降低了客户的准入门槛，吸引了大量初创企业。易点租打造了自有风险控制体系，解决了信用问题。
>
> 二是提供随租随还服务，客户可以根据工作进度和需求随时退还，保证了租赁的灵活性。
>
> 三是全程维修、4小时上门修复，易点租提供下单后6小时急速配送的服务，若设备出现问题，易点租保证4个小时内派服务人员上门修复设备。这相对于传统的销售商有很大的优势，解决了客户的后顾之忧。同时易点租还提供备用设备，当设备无法修复时，可以进行无缝衔接。
>
> 四是每个客户都是VIP，易点租给每个客户都提供两名专业人员，一名销售，一名客服，做到"二对一"客户对接，保证客户遇到的问题快速得到处理。

总的来说，租赁经济的本质就是整合社会闲置资源及资源的所有者，以信用机制做担保，有偿转让使用权。租赁经济帮助需求者以较为低廉的价格获得了商品的使用权，使得一些高质量、高价格但使用频次低的产品有了广阔的租赁空间，为需求者提供了物美价廉的服务。2019年1月15日，上海金融与法律研究院发布了《2019新租赁经济报告》，报告预测2020年我国租赁经济有望突破10万亿元，参与租赁经济服务的人数也将超过1亿人。目前人们的消费观念正在发生积极变化，本地生活服务、网络金融服务是未来租赁经济渗透的核心领域。

三、社区模式

社区模式主要是围绕居住小区的街道，衍生出一大批社区商业，为社区居民提供基础的物业、生活、购物、交互、政务、信息等服务的一种商业模式。

目前越来越多的客户将不满足于线上消费体验，更加倾向于近距离感受商品和服务，因此那些最贴近客户，让客户获得更好消费体验的商业模式，将能产生更好的客户黏性，而社区模式恰好具备这一优势。

对于客户来说，社区模式的概念与"智慧社区"不谋而合，是智慧社区发展的一个必然结果。社区平台给居民带来更加贴心服务的前提是以物联网和大数据为基础所开创的综合智慧服务网络，可以为居民提供1小时内的本地生活服务、24小时全天候服务和其他服务等。例如，易点鲜为了打造最贴近客户，让客户获得更好的线上线下购物体验的生鲜云平台，以社区为落脚点，根据客户不同的偏好，提供成千上万的商品，并且采用基地直供、全程冷链配送来保证食材的新鲜口感。客户不仅可以到店即买即取，还能在线上下单，全网商品线上下单后，第二天早上便可送达客户附近的易点鲜社区店，极大地方便了客户。

对于平台企业来说，社区经济蕴藏着大量的商业机会，特别是生鲜和家庭生活服务板块，都具有巨大的客户需求。社区经济并非解决某种特殊的需求，而是致力于完善一个生活场景，这就赋予了社区平台更多的盈利点。另外，线上和线下销售的结合，不仅方便了客户，而且线上所形成的客户消费数据有利于线下企业的精准铺货，使其能够更加有针对性地销售商品。

案例分析：盒马鲜生的社区服务

盒马鲜生蕴含着强大的互联网基因，虽然这是一家线下门店，但商铺中每个商品下面都标注了一个条形码，客户可以用盒马App扫码查看详情或者下单，实时更新的电子价签保证了与线上价格的统一。同样，客户也能在家中通过App进行购买。其购物模式如图4-1所示。盒马鲜生的所有商品都是全球直采，在盒马鲜生可以买到100多个国家和地区的3000多种商品，海鲜占比约是传统超市的10倍以上。直采不仅从源头上保证了海鲜的品质，而且由于没有经过任何中间商，性价比很高，有些海鲜比海鲜市场便宜一半。

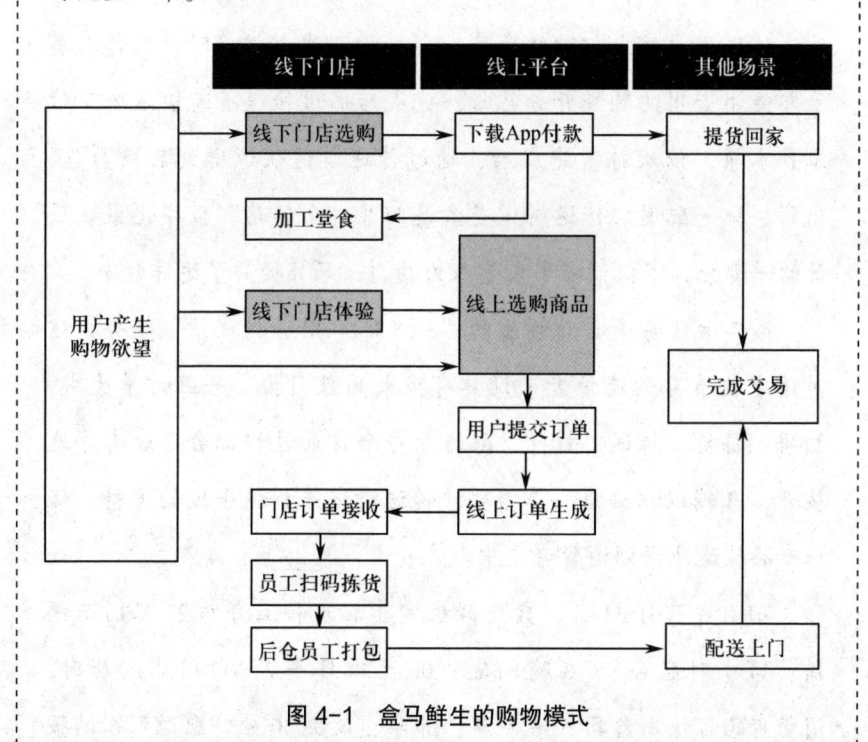

图4-1 盒马鲜生的购物模式

为了得到更好的餐饮体验，消费者往往会去门店消费。消费者除了可以在盒马鲜生线下门店自行选购商品并提货回家外，还可以交给盒马后厨现场制作。"可现场烹饪"可谓是盒马鲜生的一大卖点。盒马鲜生的门店设有多个餐饮品类和餐饮区，消费者在店内选购了新鲜海鲜等食材之后，只要在营业期间到柜台多付一份加工费，稍做等待，就可以尝到"新鲜出炉"的食物。

　　客户在盒马鲜生线下门店体验后，可以在线上订购，而这一服务又体现出盒马鲜生的两大优势。第一大优势是盒马鲜生的"仓店一体"，即盒马鲜生既是一个门店，也是一个仓库。盒马鲜生门店"隐藏"着一个物流配送中心，门店的上方铺设了全自动悬挂链物流系统，连接商品陈列区和后仓，支持线上销售，用于快速传送用户线上订购的商品。当接收到线上订单时，工作人员立即使用专用购物袋开始拣货，完成后通过传送滑道输送给下位工作人员，依次拣货完成后，通过传送滑道快速送到后场打包、出货，统一配送。传送滑道是盒马鲜生"全链路"数字化系统设计的一部分，不仅节省了大量人力物力，而且提高了运作效率。

　　第二大优势是盒马鲜生的"3公里内30分钟送达"服务，这对追求快节奏的消费者来说具有很大的吸引力。一旦订单生成，扫码、拣货、传送、打包、配送等每个作业过程都会高效有序地展开，并辅以扫描枪、二维码、传送滑道等科技手段的支持，保证产品快速地送到消费者手中。

　　2018年3月31日，盒马鲜生宣布北京和上海的25家门店提供"24小时服务"，在晚间22：00至次日早7：00门店闭店时，消费者仍可使用盒马App下单，并享受最快30分钟配送到家的服务。盒马鲜生此次服务时间的延长，也预示着盒马鲜生从此前定义的生鲜新零售品牌升级为社区生活服务品牌，是盒马鲜生迈向社区生活中心的重要一步。

盒马鲜生的全时段供应使其成为全球首个实现24小时配送的商业业态。盒马鲜生不仅打通了线上和线下，还连通了白天和黑夜，未来盒马鲜生将以用户为中心，重构3公里生活区，实现"让远亲更近，让近邻更亲"的家庭和邻里关系，方便更多人的生活。

盒马鲜生是多种商业业态的综合，既是海鲜店、菜市场，又是美食街、百货店。未来，盒马鲜生会开发新的社区服务，如洗衣、修理、理发、美容等，从而成为社区生活中心。目前，盒马鲜生已经签约多家地产商（包括新城、恒大、碧桂园、融创、世茂、佳兆业、银泰等），进军社区门店。2017年12月15日，盒马鲜生荣获"2017年最佳商业模式奖"。

任何商业模式都包括一个企业的价值主张、分销渠道、客户关系、价值配置等多方面的因素，都是一个由客户价值、企业资源和能力以及盈利方式所构建的完整模式。本书认为能够助推公司长远发展的优秀商业模式都具有以下特点：首先，一个成功的商业模式是完全适配公司目前发展特征的，是最适合公司发展的；其次，能够提供独特的商业价值是一个成功商业模式的必要前提；最后，这个模式是公司独有的，或者公司将这个模式做到极致，远远甩开其他竞争对手。在打造成熟商业模式的道路上，有的企业做大做强自己的主业，形成龙头效应；有的企业兼并收购上下游企业，延伸自身产业链；有的企业进入全新的领域，打造双主业或转型发展。

第二节　市场营销

市场营销理论萌芽于20世纪20年代，随后出现了4P营销理论、4C营销理论、4R营销理论、4V营销理论等经典理论。菲利普·科特勒是现代营销集大成者，被誉为"现代营销学之父"，他支持和发展了4P营销理论（见图4-2），使营销成为一个系统的学科。下面我们就来具体了解一下4P营销理论的思想和精髓。

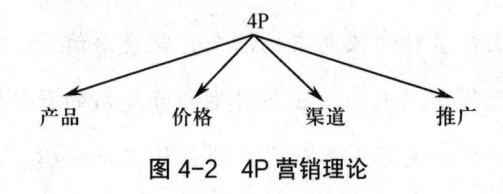

图4-2　4P营销理论

（1）产品。这个元素中既包括实体产品，也包括企业想要传达的概念，主要研究企业应如何满意消费者的需要，使产品适销对路。

（2）价格。主要研究定价的策略和方法，考虑生产成本、企业计划的利润额及折扣优惠等。

（3）渠道。即营销渠道，是产品从生产到销售，其所有权发生转移的过程，主要研究应该通过什么渠道，经过哪些商业环节，采用什么运输方式，走哪条路线。

（4）推广。即促销，是企业利用媒体等宣传方式将自己的产品以合理的价格卖出去的过程，主要研究商品扩大销售的途径、策略和方法。

那么，一个企业应如何做好4P营销呢？

首先要把好"产品"关，深入市场进行调查和分析，开发新产品，控制产品生命周期，确定产品商标和包装等。其次要把好"定价"关，综合研究产品价值和成本、市场需求，制定有效价格。再次要把好

"渠道"关，对分销渠道、储存设施、运输设施、存货等进行管控。最后要把好"促销"关，整合人员，细分市场，有针对性地做好营业推广和公共关系。

案例分析：鹿客智能锁的营销策略

产品层面，鹿客严苛地把控产品，将产品安全性要求贯穿研发、设计、创新、专利、选材等多个环节。根据不同的产品特性，鹿客推出了 Touch、Classic、OJJ、P1 等多款明星产品。其中，产品 OJJ X1 创造性地将指纹识别模块无缝融入门把手之中，轻松实现一步开门，并且采用了行业安全等级最高的 C 级锁芯，还带有智能报警系统，可以更好地保证安全。

价格层面，鹿客 OJJ 智能锁是鹿客旗下首款将价格下探至千元的智能锁产品，但依旧是安全与品质双护航，延续了鹿客对产品品质的高标准要求。

渠道层面，为了让用户更方便地体验，鹿客在渠道建设上大力投入，打通了线上与线下，建立起覆盖全国的销售网络。在线上，鹿客在京东、天猫、苏宁易购等各大主流电商平台销售；在线下，鹿客已铺设了超过 5000 家线下体验终端，覆盖了苏宁、国美、红星美凯龙等渠道。

推广层面，鹿客从咨询、安装、退换货、维修等环节打造覆盖全周期的"鹿客 XIN 服务"。目前，鹿客服务覆盖全国 270 多个城市，2800 多个区县免费安装，当日预约，最快次日安装，70 多个城市实现送装一体、7×24 小时客服在线、售后问题 3 小时内上门，安装工程师达 4500 多人。[1]

---

[1] 万科技. 行业颠覆者何以养成？高速成长的鹿客智能锁引发思考[EB/OL]. 搜狐网, 2019-06-21.

当前不容忽视的一个现象是，云计算、大数据、人工智能、AR/VR、区块链等新一代信息技术已经广泛应用于人们的日常生活中，人们的需求随着互联网等新技术的发展不断变化，而且变化的频率越来越快。单纯的营销活动很难适应大数据时代人们日益差异化的个性化需求，营销也出现了新的模式，如数字化精准营销、社交媒体营销、内容营销等。

一、数字化精准营销

在这个时代，数据就是资本，数据已成为企业一切营销活动的基础。企业通过掌握全渠道数据中心，可以汇聚用户数据、商品数据、售后数据，构建多维用户画像，从而快速筛选目标客户，有针对性地开展营销活动，自动推送精准的个性化消息。

大数据使精准营销成为可能，有了庞大的用户数据，企业就能利用云计算等互联网技术，及时发掘、跟踪客户的需求，充分了解客户，对市场需求进行预测，做到精准营销。数字化精准营销使企业与用户之间能够自由灵活地进行信息交换，极大地减少了营销程序和成本。

案例分析：雅戈尔向数字化营销转变

雅戈尔是我国第一批"重点支持和发展的名牌出口商品"品牌，多次入选"中国最佳服装品牌""最受消费者欢迎的男装品牌"。但雅戈尔并未止步，2016年雅戈尔掌门人李如成提出"五年再造一个雅戈尔"，并开始不断变革，持续走在市场前列。

从生产来看，雅戈尔尝试将数据转变为生产的核心要素。2018年，雅戈尔智能工厂上线，打造了全亚洲领先的数字化西服车间。通过将企业积累的客户数据连接到智能工厂，合理协调配置生产资料，雅戈尔改进了版型和生产取向，更加契合消费者的需求。

从库存来看，雅戈尔注重线下和线上的结合，建设了智慧销售平台。2018年8月，雅戈尔建立了沟通前台业务和后台技术支持的"智慧中台"，消费者可以以同样的价格在线上下单，由附近最近的一家店配送。这不仅极大地满足了客户的多样化需求，也加快了雅戈尔库存的周转和货品的流通效率。

从满足顾客喜好来看，雅戈尔与顺丰、用友等公司合作，对接大数据分析，筛选目标客户的位置、行为数据，了解消费者需求，规划店铺选址。雅戈尔还与三体科技共同研发人体扫描设备、试衣屏，未来还将通过植入3D量体、人脸识别、智能橱窗等黑科技，以虚拟试衣、场景走秀等方式，提升消费者购物体验，赢得消费者的喜爱。例如，试衣间的传感器可以获取衣服的被试穿频次以及购买比率，这些数据的收集可以使企业及时获取产品信息，及时推送顾客青睐的产品。

二、社交媒体营销

社交媒体营销是指企业为了达到营销的目的，在社交平台宣传企业的理念及产品，引起消费者的关注与认同，并由消费者自发传播企业营销内容，以此提升产品的市场竞争力和占有率的营销策略。关于社交媒体，国外有Youtube、Facebook、Twitter等社交网络服务媒体，国内有微博、微信、抖音、小红书、Bilibili（简称B站）等社交平台。

社交媒体遍布在人们生活的方方面面，每时每刻都在影响着人们的生活。对企业来说，社交媒体无疑是一个低廉的销售平台，企业可以通过社交媒体将产品和服务推送给人们，从而拉近与客户之间的距离。

社交媒体是人们在生活中分享自己的观点、意见和经验的平台，在这个过程中人们自发地创造、获取、传播各自认可的资讯。目前，社交媒体正成为企业网络化营销的重要途径之一。

2019年1月31日，We Are Social发布了《2019年全球数字报告》。报告显示，2019年初全球社交媒体用户数量已增长到35亿，在过去12个月中有2.88亿新用户，全球渗透率达到45%。Global Web Index报道，普通社交媒体用户现在每天在社交平台上花费的时间已经远远超过人们看电视、报纸等传统媒体的时间。由此可见，社交媒体对企业营销至关重要。

以国内正在流行的直播营销为例，电商与社交媒体的界限正逐渐被打破，企业正逐渐构建起以品牌植入、视频营销、电商导流等方式为主的定向营销模式。

2019年3月30日，淘榜单联合淘宝直播发布《2019年淘宝直播生态发展趋势报告》。报告指出，2018年，淘宝直播平台带货超过1000亿元，同比增速近400%。直播营销给予了消费者"眼见为实"的购物体验，直播带货的流量变现模式成为电商的新出路。又如，快手成立以来，每天产生超过1000万条内容，覆盖生活的方方面面，同时海量的用户涵盖各种职业、喜好，借助这一优势，"快手小店"实现了"直播+短视频+电商"的企业营销模式的新突破。

三、内容营销

美国内容营销协会对内容营销的定义是：内容营销必备的特点是"有价值""有关联""持续性"，它是一种战略营销方法、一种媒体资产，适用于所有内容载体、媒介渠道和平台。简单来说，内容营销就是利用文字、图片、视频等方式创建产品价值，吸引客户注意，从而实现营销的目的。

不同于传统营销，内容营销会凸显"内容"，用内容吸引客户购买，减轻消费者对广告的抵触情绪，而"营销"只是一个自然而然的结果。内容营销会帮助消费者发现产品的价值，其出发点是帮助消费者解决实际的问题，当用户对产品的信任达到一定程度，便会按需购买或者对营销内容进行传播分享。

内容营销不同于传统营销的另一个特质是，内容营销以产品独特的附加价值吸引并留住用户，而非价格。例如，通过有趣的标题吸引用户注意，或者进行场景搭建，引起用户共鸣，使用户进行感性消费。

案例分析：江小白的内容营销

江小白的内容营销注重内容的生产和场景的设计。

在内容生产上，江小白的瓶身文案总能击中年轻人的内心。江小白洞察年轻人的生活态度和境遇，根据不同的场景创造文案内容，与用户形成情感共鸣。例如，"我是江小白，生活很简单""我有一瓶酒，有话对你说""快乐喝小酒，寂寞唱老歌"……通过诸如此类的碎片化语录，江小白与消费者连接在了一起。江小白还推出了"表达瓶"，让消费者参与其中，自己编辑瓶身文案，表达自己的态度，这其实也是采用了社交媒体营销的策略，让人们在分享自己定制的江小白的同时，也对产品进行传播。

在场景设计上，江小白定位于四种情景：小聚、小饮、小时刻、小心情。"小聚"指朋友、家人之间的非商务应酬，打破了白酒适合高端场合的固有模式，延展了白酒的需求场景；"小饮"指适度饮酒，不拼酒、不劝酒、不酗酒；"小时刻"指江小白可以出

> 现在任何经常性和偶然性的场合；"小心情"指酒常与心情抒发相联系，江小白所传递的内容常常能与年轻人产生共情。

内容营销其实常常和社交媒体营销结合，通过视频、图片等形式创建有价值的内容，借助社交媒体的传播优势和庞大的客户基群，扩大品牌的知名度和影响力。

很多企业专门建立了内容营销部门，如欧莱雅专门设置了产出内容的部门，负责推出一些视频或者图文美妆教程，这就体现了内容营销的特质之一——以帮助消费者解决实际问题为出发点。欧莱雅还和YouTube合作创建了与产品相关的干货视频，以产品独特的附加价值吸引客户，如欧莱雅的一条视频——《如何塑造你的眉毛》，在没有任何付费媒体报道的情况下产生了近万的浏览量。这种以解决问题为出发点的内容视频，让客户可以切实感受到产品的价值，现场看到产品的效果，从而对产品的功效形成一种直接的信任，进而产生购买的动机和分享的意愿。

四、网红营销

网红营销通常是指企业选择有名气或者有影响力的人，在目标市场中对产品进行宣传和推荐，从而对潜在客户产生直观、可衡量的影响的一种营销方式。网红营销通常与社交媒体营销和内容营销密切相关。

网红营销中的"网红"，现在越来越类似于"KOL"。KOL是一个营销学上的概念，就是关键意见领袖。那些在互联网营销中知名度高、影响力大、活跃度高的专家或者权威都可以被称为KOL，他们的带货率或者流量转化率极高。通常，他们通过分享一些专业知识或者见闻观点，获得他人信任，增加粉丝关注，在这个基础上传播产品信息。

网红营销在欧美尤其流行，规则也逐渐规范和清晰，主要集中在 Facebook、Youtube、Instagram 等平台。国外的网红营销主要以短消息、图文、视频三种为主，其中视频类形式最为丰富，他们会更加注重对版权的要求。在美国，网红按照粉丝数量被细分为五个层级，分别是偶像网红（Icon）、先驱网红（Trailblazer）、普通网红（Influencer）、小微网红（Mirco-Influencer）、超微网红（Super Micro Influencer）。在国内，我们更多是以网红专注的方向或者输出的形式对其进行分类，如美食博主或者生活分享博主等。

目前，随着社交媒体与电子商务的深度融合，网红营销正逐渐成为商家扩大品牌影响力、增加销售的首选利器。时尚媒体 Fashion United 报道，2018 年欧美的时尚业、奢侈品行业和化妆品行业中有超过 78% 的公司选择与网红合作进行品牌广告投放。

第三节　客户分类

一、客户分类二八法则

经济学有二八理论，也就是说 20% 的客户创造 80% 的企业利润。客户可分为高端客户和低端客户，不同类别的客户有着不同的痛点和价值需求，对其应使用不同的营销策略。高端客户更加关注的是产品的品牌和档次，因此他们对价格不敏感，而对价值敏感，也就是对品质、品牌、技术、服务这些价值敏感。如果企业坚持锁定高端客户，那么只要提供好其中某一项价值，就能超越竞争对手，处于领先地位。相反，低端客户对价值不敏感，而对价格很敏感，他们更加注重产品的实用性。如现在大量的线上销售，其吸引客户群的主要优势是产品的低价。当然，企业对于不同的消费群体可能还会推出不同价格档次的系列产品以供选择。企业在向客户销售产品的过程中，应该按照从高到低的价格顺序进行介绍。根据心理学的原理，价格从高到低可以给人一种相对便宜的错觉，减轻客户的心理负担，从而选择价格相对较高的商品；但如果价格从低到高，会使客户的心理压力逐渐增加，降低购买的成功率。

企业家要学会梳理客户，对客户进行分类。我们在这里借鉴隋塞莫尔（Valarie A. Zeithaml）、勒斯特（Roland T. Rust）、兰蒙（Katherine N. Lemon）在2002年提出的客户金字塔模型进行分类。该模型按照客户对企业贡献的大小，将其分为铂金级客户、黄金级客户、钢铁级客户和乌铅级客户。20%的铂金级客户创造了80%的企业利润，80%的黄金级客户、钢铁级客户和乌铅级客户只创造了20%的企业利润。

因此，我们要做好客户分类管理，为不同类别的客户提供不同的服务，高度重视铂金级客户，用铂金级员工、铂金级服务、铂金级环境去服务铂金级客户群，如建立专门的档案，定期委派专员与客户进行对接，不断满足其多样化和个性化的需求，保持客户黏性。另外，也要积极维护黄金级客户，对于钢铁级客户和乌铅级客户，要注重开发客户的长期价值。

企业还应学会精简问题客户，如精简劣质客户、不诚信客户及常欠款客户。这就像银行为企业和个人提供贷款时，会对客户的信用状况、收入状况进行审核和调查，进而筛除掉一部分经济状况不稳定，可能无法按时还款的客户，避免坏账。企业对客户的分类和精简，可以帮助企业合理利用资源，将有限的资源应用于专门的客户，降低企业成本。

在日常生活中，各类商店都会提供会员服务。《华盛顿邮报》的首席数字官拉文德兰曾如此评价会员服务:"其实几十美元并不重要,收费的目的是想改变人们的心理定式,以便他们不再选择其他地方消费。"目前,越来越多的企业采用会员制这种营销手段,因为从老顾客那里开发价值比开发一个新客户要容易得多。例如,亚马逊就利用会员服务来获取忠实客户价值,2018年亚马逊 Prime 用户的平均年消费额是非 Prime 用户的4.5倍。

下面我们以连锁会员制仓储式超市的首创者——开市客(Costco)为例进行说明。

> **案例分析:Costco 的会员制服务**
>
> Costco 是美国大型连锁会员制仓储量贩店,曾被称为"沃尔玛的唯一对手"。Costco 店内所售商品只有1%~14%的毛利率,任何商品定价后的毛利率最高不得超过14%,毛利率超过14%需要董事长签字。在如此低的毛利率下,除去费用、缴完税款等之后,纯利润非常低。
>
> 那么 Costco 靠什么来支撑长久的发展?其实,Costco 完全不打算靠卖东西赚钱,它的利润额不直接与商品进货价、销售价和销售量相关,而是与其会员数量相关。每一个进入 Costco 购物的消费者都必须持有会员卡,或者同伴持有会员卡。Costco 的执行会员需要每年交110美元的会费,非执行会员的年费是55美元。截至2019年2月17日的前12周,Costco 的销售额为346.3亿美元,同比增长7.3%,净利润为8.89亿美元,而当季仅会员费收入就达到了7.68亿美元,占比为86.39%。[①]
>
> 在高质量、低价格的让利模式下,会员制服务使 Costco 提供

---

① 资料来源:Costco 公司年报。

的服务更加个性、精致，品质、性价比更高，这也使Costco的客户忠诚度更高，会员的续订率达到了90%，从而使Costco每年都有一笔稳定的收入。

二、销售模式

除了进行客户分类外，还要重视销售模式，这里介绍七大销售模式。

1. 需求导向型销售

需求导向型销售是将客户利益放在首位，科特勒是这一思想的创始人。要赢得市场份额，不能只关注竞争对手，更为重要的是了解客户需求。

如何实施需求导向型销售呢？例如，戴尔公司把主要资源和精力用于满足客户需求，其销售模式是"按需定制—零库存管理—低库存成本—价格优势"；其重视客户公关，通过直销、标准化、零库存等经营策略打通客户关系，占领市场，将其他工作交给合作者或者外包给专业公司去做。通过需求导向型的销售模式，戴尔公司保持了长期的增长性、利润率，获得了高额的回报。

当下，一个不容忽视的群体——中产新女性正在崛起。中产新女性普遍为拥有高收入、高学历和高职位的人群，她们主张自信、自主与自我，追求高品质。她们能挣会花，更加追求个性化的消费，消费潜力不可小觑。尼尔森2019年的报告也显示，约有57%的中产新女性愿意为喜欢的产品或兴趣买单，44%的中产新女性更加注重追求品质生活。而且这些中产新女性往往是或未来是家庭消费的主导者，将成为引领未来消费市场的主力。因此，未来若要赢得更多的市场份额，企业就应更深入地了解这一群体的需求，获取这一群体的青睐。

2. 情感销售

现代市场营销理论认为，消费者的需求发展大致经过三个阶段，即"量和价的满足时代""质的满足时代"和"感性的满足时代"。在"量和价的满足时代"，消费者主要追求产品数量和价格；在"质的满足时代"，消费者主要追求产品品质和品牌；在"感性的满足时代"，消费者更加注重从产品中获得情感满足。如今，人们被琳琅满目和同质化的商品和品牌包围，即"量""价""质"的功能性需求已经被满足，因而消费者当前更加需要的是一种心理的认同和个人价值的实现。这就需要情感销售。

消费者从产生购买欲望到实现购买行为，情感而非理性时常起着决定性的作用。情感销售主张以顾客的心理需求为导向，在销售过程中抓住顾客的情感心理，注重顾客的情绪感觉，引发其共鸣。企业的各种生产经营行为都应从"情"字切入，进行准确的定位和有分寸的把握。美国推销大王乔·坎多尔福曾说过："推销工作98%是感情工作，2%是对产品的了解。"情感销售只是手段和方式，只有满足消费者内心的情感需求，使其感动才是核心和真谛。

例如，在谈判过程中，当发生矛盾时，应设身处地换位思考，仔细为别人想一想，你将会发现许多事情的沟通并非想象中那样难，这也是转换情感的一种表现。又如，一个保险推销员在面对顾客时要善于把握其心理，对于追求性价比的顾客，在其可设想的价格区间内，不必选择价格最高的产品极力推荐，而是选择保险项目更丰富的产品，让顾客感觉面对的仿佛是一个真正为其考虑的亲友，而不是一个只想业绩的销售者，这样就可以拉近与顾客的距离，赢得顾客的信赖。

一个企业如果能满足消费者的情感需求，能与消费者产生共鸣，就会赢得消费者的好感，使消费者产生购买甚至重复购买的欲望。情感的连接还会使消费者对价格的敏感度降低，对企业的忠诚度增加。

有研究表明，强大的记忆来自强烈的情感体验。英国广告从业人员协会（IPA）对1400个案例进行研究发现，注重情感诉求的说服性广告的成功程度是注重信息和逻辑论证的说服性广告的两倍。因此，注重情感的销售更加能够迎合消费者的心理需求。营销大师菲利普·科特勒曾说，星巴克卖的不是咖啡，是休闲；法拉利卖的不是跑车，是一种近似疯狂的驾驶快感和高贵；劳力士卖的不是表，是奢侈的感觉和自信；希尔顿卖的不是酒店，是舒适与安心。

招商银行的信用卡营销策略就采用了情感销售。招商银行信用卡部在"做一家有温度的银行"的号召下，更加注重与用户的情感共鸣，注重与用户分享"感动"与"理解"。例如，2017年一部《世界再大，大不过一盘番茄炒蛋》的微电影被疯狂转发分享。微电影主要讲述了独自在外留学的男生不会做番茄炒蛋，父母不顾中美两国的时差，半夜起床给孩子视频直播如何做好番茄炒蛋的故事。正是借助在外留学的游子的情感共鸣，招商银行传达了"想留你在身边，更想你拥有全世界"及"你的世界，大于全世界"的价值主张，成功达到了宣传招商银行留学信用卡的目的。招商银行的情感销售让其俘获了众多年轻人的心，2017年招商银行信用卡客户中，18~30岁年轻客户群的占比已经超过70%，在每年增加的新客户中，这一群体也达到80%以上。

3. 销售三角理论

销售三角理论提倡做到"三个相信"：相信自己的产品和服务、相信自己的企业、相信自己的销售能力。其中，企业的产品为"Good"，企业为"Enterprise"，自己为"Myself"，三个单词的首字母便构成了"GEM"，因此销售三角理论也被称为"吉姆公式"。

在销售的过程中，推销员对外代表着企业形象，推销员的服务态度、对业务的了解程度关系到客户对于企业的整体判断，而这些不仅会影响推销员自身的业绩，还会影响企业的社会效益和经济效益。因此，推销员首先要对自己的企业有充分的热爱和信任，相信企业的决策、管理能力以及发展前景，有意识地树立和维护公司的形象和口碑。

其次，推销员要相信自己所推销的产品，相信产品能够满足客户的需求，相信产品能够给客户带来价值，相信产品能够被市场接受。另外，还要了解竞争对手产品的特性，并通过对比，更加了解自己产品的优势，包括产品机理、产品功能及产品售后等。当然，这些相信都基于对自己的产品有充分且全面的了解，而非盲目相信。

最后，推销员要有自信，相信自己工作的意义和能力，相信自己会做得更好。

4. 价值营销

价值营销基于产品质量、信誉等无形因素。企业通过价值营销，在产品质量上给消费者以保证，并努力实现产品服务与消费者的心理需求相契合。如房地产推行先租后买，完善了房屋质量信息，操作方便，说服力强，除此以外，还有信誉销售，如保修。价值营销注重对产品性能功效的宣传，强调产品给消费者可能带来的便利或价值。只有真正从消费者角度考虑产品价值，才能成功地吸引消费者，才能有针对性地提高产品的附加值，增加客户对产品的认同感和忠诚度。

5. 联合促销

联合促销把属于不同市场，但拥有同一顾客群的企业联合起来，并且为参与的企业都带来了实在的商业利益，而这种利益要通过双方协作才能实现。如微软初出茅庐时和久负盛名的PC厂商IBM公司合作，实行联合促销，买电脑送系统。

联合促销包括三种方式：一是横向联合促销，多指同类店铺根据销售需要，借势互补；二是纵向联合促销，指企业与上下游供货商或物流企业合作；三是跨行业联合促销，指不同行业开展营销合作。

联合促销是一种成本较低，但十分有效的促销模式。促销费用由联合促销的双方共同分担，从而使费用得以分摊，降低了营销成本。联合促销的方式不仅可以使消费者在同一时间、地点接触到更多物品或服务，在某种程度上增加了消费者的购买冲动，还可以吸引合作企业的消费者，增加新的消费群体，带来新的销售渠道。

例如，雅戈尔推出了与卡通形象狮子王联名的T恤。雅戈尔是男装品牌，狮子王是迪士尼电影中的经典形象，二者似乎毫不相关。但狮子王传达的是父子间不离不弃、勇于承担责任的主题，这就与雅戈尔的品牌形象不谋而合，因为雅戈尔的品牌也传达着注重家庭与责任的理念。

另外，雅戈尔与狮子王联名也是想增加与年轻群体的互动和连接，因为狮子王是85后、90后年轻群体的童年回忆，年轻人心中对其有别样的情怀。通过与狮子王合作可以吸引更多85后、90后的消费者重新认识雅戈尔，为雅戈尔带来更多的宣传和接受度。

6. 尾数定价促销

在确定零售价格时，将商品价格定成以零头数结尾的非整数的方法，即尾数定价法。通常价格末尾定为"9"，这种定价方法有心理学的依据。

心理学研究认为，带小数的定价往往能给消费者带来该商品很划算的心理暗示，即消费者在心理上总是认为存在零头的价格比整数价格低。心理学研究还表明，5元以下的商品，价格末位数为9最受欢迎；5元以上的商品，价格末位数为95效果最佳；100元以上的商品，价格末位数为98、99最为畅销。

另外,"左位数效应"也支持这一定价方法。人的大脑面对复杂数字时通常会记住前几位,小数常常会被大脑自动忽视掉,从而产生低估认知,如876元会被记忆成800多元,从而低于原价格。

尾数定价促销使顾客在心理上有一种便宜的感觉,从而激发其购买的欲望。但该策略适用于非名牌的中低档产品,如一些价值低、销售面广、购买次数多的消费品。

与之相对的是整数定价法,整数定价法给顾客以质优、可靠的感觉,适用于质优价高的高档、名牌产品或者用于馈赠的礼品。选择购买高档商品的客户往往都有追求品质的需求,他们会更多地通过价格来审视商品的价值。

另外需要说明的一点是,不同国家的消费者对于末尾数字的喜好各不相同。例如,加拿大和美国等国的消费者普遍认为奇数比偶数显得便宜,所以在这些国家往往以奇数结尾定价;但是在日本,往往以偶数特别是"零"结尾定价,因为偶数在日本象征着与谐与圆满。

7. 赠品促销

根据顾客让渡价值理论,赠品促销实际上是对消费者提供一种额外的馈赠和优惠。赠品促销分为若干等级,相应赠送不同价值的礼品或礼券。与之相似的一种方式是积分兑换,消费者根据所购买商品的价格兑换成一定的积分,积分达到一定的分值可以领取相应的礼品或现金,这在我国的大型超市很常见。积分兑换可以吸引消费者多次购买,提高回购率,增加客户黏性。

赠品通常可以提升企业商品或服务的价值,吸引消费者的注意,迎合了消费者"占便宜"的心理,帮助消费者快速做出决策。但企业也要注意赠品的价值。首先,赠品要实用,要站在消费者的角度提供一些有价值和可使用的商品，因为即便是赠送的商品，如果不被消费者关注那也是无效的。其次，赠品的质量要过硬，质量很次的赠品不仅起不到吸引消费者关注的目的，反而会影响消费者对商家的印象。最后，赠品与产品要有相关性，好的赠品可以创造出关于商品的更多使用情景，为商品带来更多的销售机会。例如，麦当劳推出购买套餐加六元升级为大套餐后就送可口可乐杯子的活动，杯子每周两款，数量有限，标注"只送不卖"，吸引了消费者前来消费。

第四节　服务增值

一、服务增值理论

1997年，欧洲工商管理学院W.Chan Kim和Renee Mauborgne提出价值创新，即围绕企业产品，超越所在行业和产品本身的限制为顾客提供服务，并实现产品增值。

早期的企业实践表明，通过提供产品维修、培训、技术咨询服务，可以增强产品的竞争力，但这些服务并不直接为企业创造价值，仅仅是企业竞争的组成部分。20世纪90年代以来，企业竞争日趋激烈，促使企业寻求新的扩张途径。服务增值的出现，使产品服务活动既围绕产品又独立于产品，逐渐成为价值创新的重要途径，并成为企业战略扩张的有效手段。

被誉为"服务营销理论之父"的芬兰市场学家克里斯琴·格罗路斯教授在1990年出版的《服务管理与营销》一书中提出，目前的市场处于服务竞争阶段，应促使企业经营战略转向以"服务"为主导。迈克尔·波特在《竞争优势》一书中用价值链来综合反映企业的价值增值活动,认为服务不仅能够形成企业利润,而且能够创造价值。

"服务营销"一词最早由美国"旅馆大王"希尔顿提出,他创立了全球著名的跨国公司——希尔顿饭店,"你今天对客人微笑了没有?"是希尔顿服务营销的起源。服务营销更加注重客户在接受服务过程中的感受。

二、服务增值实务

国外著名企业纷纷进入产品服务领域,依靠产品服务增值实现企业扩展,取得了巨大的成功。企业服务增值已成为企业在激烈的竞争中发展自己,进行价值创新不可缺少的重要因素。不管怎样,服务增值已经成为各大企业和商家重要的营销手段,很多大公司甚至设立了专门的服务增值部门,并且在录用人才方面有非常高的要求。

例如,星巴克总是不断满足、引领客户需求,如星巴克"第三空间"的创意。曾任星巴克CEO的霍华德·舒尔茨认为,星巴克应该成为顾客生活的一部分,即除了家和办公室之外的第三个经常的去处。在星巴克,顾客点一杯咖啡,可以在营业期间尽情休息、思考、讨论、办公。星巴克的甄选咖啡烘焙坊是星巴克开创的全新模式,其将咖啡、焙烤餐饮与意式餐前小酌进行创新融合,给顾客带来不同的体验。星巴克还结合阿里场景识别技术推动体验式消费,消费者可以根据需要观看"从一颗咖啡豆到一杯咖啡"的全过程,了解咖啡吧台、冲煮器具等每一处细节,以及面包的烘焙过程。

又如,宜家成立以来,以"为消费者创造价值"为宗旨,并在上海正式成立了中国数字创新中心,以为顾客提供更加贴心、友好、便捷的购物体验和购物工具。宜家应用AR技术,帮助消费者更加方便地进行家居产品的组合;宜家的人工智能技术可以检测消费者在展厅或是产品前的行为,以帮助合理地摆放产品;还有宜家的图像识别技术,在这种技术的帮助下,通过手机拍照就能够迅速地获得产品信息和产品位置等。

再如,斑马会员深耕有消费力、追求生活品质的中等收入家庭。为了实现客户需求与商家产品服务的高效匹配,给客户带来高品质的产品,斑马会员严格控制平台产品质量,保障会员的权益。2018年,斑马会员赴日本、泰国考察,与Purevivi、ANER等知名品牌签约合作。2019年,斑马会员又赴韩国与AHC、VT等品质品牌合作,并前往"澳新"货源地,与Swisse、贝拉米、Little Umbrella等国际知名品牌合作。为了保障产品质量,给客户带来安心、放心的购物体验,斑马会员还会进行"自审查",让"神秘买手"不定期购买平台产品,送交第三方机构检测,进一步确保产品质量,每月有上百种产品被神秘检测。斑马会员对自营产品实行三级包装,对售后落实三级负责制。这些行为都源自斑马会员"让消费者买到心意好物,为消费者提供专业服务"的信念。

还有美菱,也十分注重客户的产品体验。美菱提出了"服务向前"战略,提出服务要先于产品和销售,让用户提前享受到品牌带来的个性化和定制化服务,如美菱"售前上门,免费测量"的服务前置化策略,可以打消客户在购买决策过程中的疑虑。美菱还特别注重创新,立足产品和科技,为消费者打造更高品质的生活体验。如美菱的M鲜生全面薄系列产品,满足了用户对大容积冰箱的需求;美菱的等离子消毒洗碗机,实现了洗碗、消毒、碗柜三机一体化。可以说,美菱用技术不断地满足用户对简约和品质生活的需求。

案例分析：沃尔玛山姆会员店

山姆会员店是全球知名大型会员制商店，在全球拥有800多家店，已经为全球5000多万会员提供优质差异化的购物体验。山姆会员店于1996年进入中国，是国内首家实行"付费会员制"的超市。

那么，山姆会员店的服务到底有何特殊之处呢？

首先要说的是山姆从全球精选商品的策略。山姆利用全球采购资源的优势，从超过30个国家直接进口。例如，日本的花王纸尿裤、法国的斗牛犬音响、英国的戴森吹风机、智利的三文鱼、美国泰森的烤鸡、菲律宾都乐的香蕉……山姆为会员精心挑选国内外优质商品，使会员无须担心商品的来源和质量问题。

山姆还以严苛的商品采购标准闻名，"正规渠道、可信赖的商品""安全""真正富含营养"等已经成为山姆经营的标签。山姆会员店坚持卖品质更高的商品，精选同类商品中品质最佳或者最畅销的品牌，提供4000多种高性价比的单品。山姆的香蕉是1000根中只选4根，甚至还要切掉两边的月牙头，只要中间最甜的那一段；还有车厘子，一定要达到双J标准；海鲜也只选取当季最优产区的高等级海鲜……为了保证产品的安全质量，山姆的每道程序都极为严格。例如，一颗草莓要经过94道检测程序；海鲜捕捞后快速加工冷冻，冷链运输，保证营养和食品安全；鸡蛋只准卖12天；比萨2小时就要扔掉……

为了持续带给会员家庭高品质的商品，山姆对供应商的筛选非常精细严格，分为采购、资格认证、质量审核三个环节，先是挑选商品和推荐供应商，然后验厂部门对供应商进行资格认证，最后验货部门对商品质量进行审核把关。山姆严选供应商，与其合作开发了自有品牌 Member's Mark。例如，Member's Mark 的鲜鸡蛋优选德国鸡种，采用天然原粮以及智能蛋壳清洁工序，并且为保证鸡蛋的新鲜和安全，山姆的鸡蛋只有12天货架期。

山姆会员店还注重延续消费场景。为了让会员掌握更好的烹饪方法，给会员带来更好的购买体验，山姆专门打造了专业厨师坐镇的"山姆厨房"，并在门店安排工作人员现场加工产品，帮助会员更好地掌握烹饪食材的技巧和方法。山姆还有大量的试吃产品，帮助会员在购买之前更好地了解产品的口感和味道。山姆每月平均送出50万份试吃，会员进入山姆可以品尝全球几十种美味。山姆还举办其他各种活动，如"健康公益大讲堂""母婴知识与早教互动""名酒品鉴会"等，给会员带来更多的增值服务。

山姆会员店也十分注重本土化的经营。山姆会员商店中国业务总裁文安德说："山姆的优势在于，我们在中国已经超过23年，培养了一批有本土经验的中国采购团队，他们很了解中国会员，知道如何能够买到更好的适合中国家庭的产品，这是我们独特的竞争优势。"山姆会员店通过研究会员的消费，精准地为会员提供更高品质、更贴切的服务。例如，自有品牌 Member's Mark 提供的粽子以当季江南糯米、莫干山无污染粽叶为原料，并在收集会员意见的基础之上，对粽子的工艺和配方进行改良，降低猪油的含量，提供更加健康、高品质、深受会员喜爱的商品。

"更好生活，尽在山姆"，是山姆会员店的企业精神，山姆会员店也一直践行着这一精神，尽力为客户提供精准、高品质的商品和服务，给予客户更好的购物体验。在已有会员制的基础上，山姆又对会员进行更加精细化的分层和管理。2018年，山姆在国内首次推出680元的"卓越会员卡"，相比原有的基础会员卡，"卓越会员卡"增加了积分返还券、高端医疗、生活服务、网购免邮等一系列附加服务。通过会卡的升级和分层，山姆也对客户进行了更加精准的分类，筛选出更具消费能力的中产家庭，便于为其提供更加专属、舒适、高品质的购物体验，增加客户的黏着力和忠诚度。

第五章

企业家如何进行资本运作

第一节　现金流掌控

一、现金流周转

美国银行的一项研究显示，82%的公司经营失败可以归因于现金管理不当。企业现金流是衡量企业经营周转是否合理、偿债能力是否良好、是否过度扩张、对外投资是否恰当等的重要指标，决定着企业的长期发展能力。

首先，在一定程度上可以说，企业的现金流比利润还重要。利润是企业在一定会计期间经营成果的体现，但可以通过一些会计科目调整，或者为了增加利润而减少研发投入。而企业现金流则更能说明企业的盈利能力，虽然企业也可以通过压缩成本的方式提高现金流，但现金流的增减变动都会在现金流量表中体现，据此可以分析评价企业真实的盈利状况。例如，企业的自由现金流可以反映企业的总体支付能力，股权现金流可以反映企业对利益相关者的支付能力。现金流的每次周转都会伴随收入和利润的变动，但利润的增减未必能影响现金流，如应收账款增加带来收入和利润增加、固定资产折旧带来利润减少等。

其次，现金流可以降低财务风险。如图5-1所示，现金流的流动主要包括现金流入和现金流出。企业现金流量通常考虑三个部分，即经营活动、投资活动、筹资活动，三项活动分别产生现金流入和现金流出。

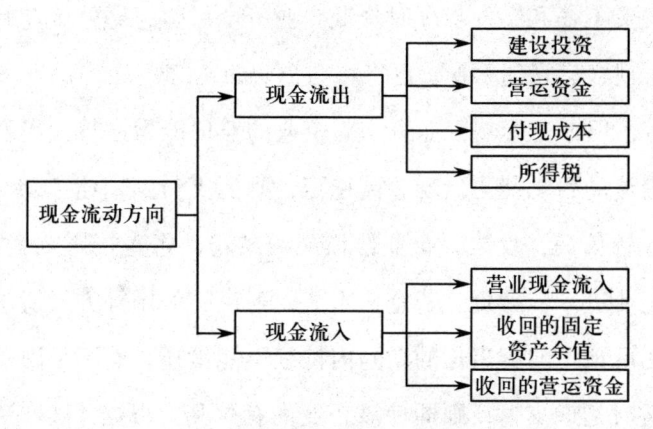

图5-1 现金流的流动方向

当现金净流入增加主要由经营活动引起时，表明企业生产经营能力强；当现金净流入增加主要由投资活动引起时，如因处置固定资产、无形资产和其他非流动性资产而增加，表明企业增长的潜力小，或是企业为缓解资金矛盾而调整资产结构；当现金净流入增加主要由筹资活动引起时，则表明企业未来将支付更多的利息或股利以偿付债务。

当企业现金流出现净流出时，表明现金流量净额减少，企业的资金周转困难，短期偿债能力将会受到影响。若企业现金流出现净流出主要是投资活动引起，如购买固定资产、无形资产或其他长期资产，则表明企业购入新设备或投资以扩大生产能力、开拓市场，未来会有更大的现金流流入；若企业现金流出现净流出主要是筹资活动引起，如偿还债务或股利，那么企业未来需要偿还的债务就会减少，企业财务风险相应降低。

再次，通过对现金流量的管理，可以分析企业经营状况，评估企业效益和偿债能力，合理安排资金的周转，确保企业各项经济活动的资金得到合理的分配，从而充分利用有限的资金使企业快速发展，并在面临融资不畅和突发状况时降低企业资金风险。即使企业有盈利能力，但若现金流管理不善，也将影响企业的正常经营。

最后，现金流影响企业资信。企业的偿债能力在很大程度上取决于对现金流的管理能力。现金流稳定，则能支付到期债务，不确定性少，企业资信高；反之，企业偿债能力减弱，将直接影响企业信誉，不利于企业进一步融资。若企业不能以财产、信用等方式清偿到期债务，或在可预见的相当长的期间内持续不能偿还，而不是因资金周转困难等暂时延期支付，则即使该企业尚有盈利，根据《破产法》的规定，该企业也达到了破产的条件。

二、现金流常见问题

1. 经营性资金不足引发现金流断裂

经营活动产生的现金流对于企业来说至关重要，一旦企业经营活动的现金流断裂，企业正常的生产和经营将难以为继，甚至还会引起股价波动等连锁反应。

经营性现金流不足主要是由于企业规模扩张过快，超过了其资金能力，从而使存货增加、收款延迟，最终导致资金停滞。企业在快速扩张阶段会占用大量的现金流，资金不能有效地回笼周转，若此时企业没有其他额外的资金补充或储备的现金流，就无法支撑企业后续生产经营的需要。而企业有时为了规模扩张，常常通过信用担保的方式借入短期资金，满足购置长期资产的资金需求，这又会使企业的流动性负债增加，偿债能力下降，企业流动性风险增加。

2. 投资失误引发现金流断裂

企业在正常的生产经营之外，往往会进行一些投资活动来增加现金的收益率，或者进行多元化经营来增加利润率。但企业投资面临很大的风险，有的企业由于投资战略失误，使项目资金超过预算，而企业又缺少充足的现金流弥补，导致投入的资金成为沉没成本，无法取得投资回报，从而使企业陷入困境。

3. 信用风险引发现金流断裂

企业大量使用商业汇票而非银行转账造成银行信用等级下降，商业信用透支，从而使企业信用风险增加。对经销商大量赊销时，若出现突发性坏账，极易造成现金流断裂。与此相对应，企业应付账款过大时，若没有强大的现金流支撑，难以归还过度的应付账款，也会引发一系列的连锁反应，使企业信用风险增加，企业将会有被挤兑的风险。

4. 连带风险引发现金流断裂

企业在经营过程中，有时会与关联企业相互担保进行借贷。若被担保企业出现问题便会引起连锁反应，担保企业将会受到牵连，可能会被相关机构查封账户，企业的现金流将断裂，企业便陷入停产或破产的状态。

三、管理现金流的三大技巧

1. 提高现金流的周转速度，合理利用现金流动速率

对于存货，及时关注"存货周转率"这个指标，它用来衡量存货占用营运资本和现金流的时间；对于应付账款，注意"付款账期"，即

向供货商付款的时间；对于应收账款，关注"回款期限"，衡量企业多久可以收回账款。企业要时常关注这些指标，根据市场变化及时做出反应，避免库存、应付账款、应收账款等给现金流带来潜在的威胁。

2. 合理安排现金流结构，确保长期投资与企业资金实力相匹配

企业长期投资的基础是主营业务的健康发展，即企业内部能够产生稳定的现金流，而保持主营业务现金流的通畅是核心，经营活动产生的现金流可以不断用于投资，投资活动又会产生新的现金流。企业要控制扩张以及对外投资的节奏，确保投资规模与企业的资金实力相匹配，投资回报期与债务偿付期相匹配，以保证现金流的持续周转。

3. 建立科学的现金流管理预算，确保充足的现金储备

企业应结合自身发展情况、行业特点和经营模式等定期制定合理的现金流预算方案，对经营活动将要使用的成本进行科学计算，以便对企业资金进行合理配置，将现金流预算纳入现金流管理。

企业若不进行现金流管理，就很难预测企业风险，甚至无法应对有关现金流的突发状况，从而使企业现金流断裂。因此，企业应建立合理的现金流管理预算，将企业风险控制在合理范围之内。例如，对于承销商的赊账设置一个合理的额度值，如果赊账超过企业所设定的风险额度，就停止供货。

案例分析：三钢闽光的强劲现金流

三钢闽光是目前福建省内唯一采用"焦化和烧结—高炉—转炉—连铸—全连轧"长流程的钢铁生产企业，是目前福建省最大的钢铁生产基地。如图5-2所示，其经营活动现金流和净利润

呈逐年增加的态势，且经营活动现金流增长强劲。2018年，公司创历史最佳经营业绩，实现营业收入362.48亿元，同比增长14.40%，归属于上市公司股东的净利润65.07亿元，同比增长20.04%，现金分红比例稳步提高，公司股息率高达12%。[①]

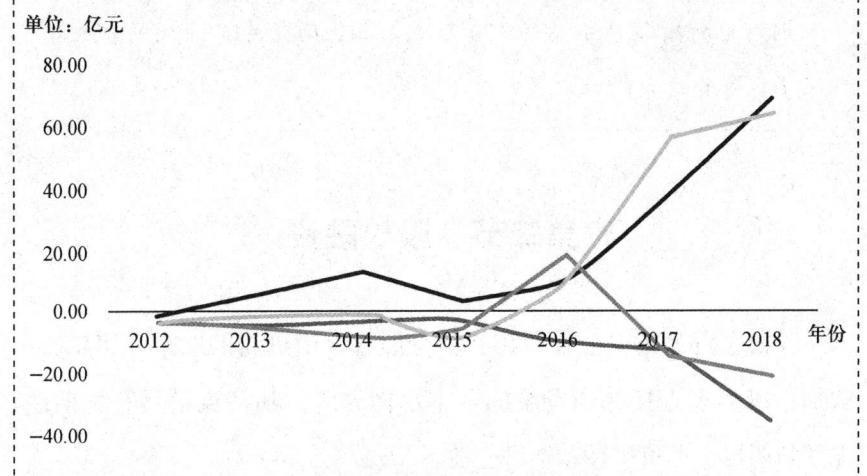

单位：亿元

图5-2 三钢闽光的现金流状况

资料来源：根据Wind数据库整理。

首先，考虑行业因素。由于去产能政策的影响，行业集中度大幅提升，企业议价能力提高，钢铁行业公司现金流大幅提升。

其次，三钢闽光的经营活动产生了良好的现金流。三钢闽光作为福建省的龙头企业，区位优势明显，盈利能力突出，资产质量较高，建筑用钢及普板产品在福建市场的占有率均在70%左右，品牌溢价较高。

最后，三钢闽光稳步推进的投资活动使生产规模逐渐扩大。2018年，三钢闽光完成了对三安的收购，粗钢产能增长至900多

[①] 资料来源：三钢闽光公司年报。

> 万吨，公司业绩大幅增加；2019年1月，与山钢新疆公司签署了资产交易合同，确定了山钢新疆公司所属钢铁产能指标，钢铁总产能将达到1300万吨；2020年6月2日，三钢闽光发布公告表示，拟收购福建罗源闽光钢铁有限责任公司100%的股权，这将为三钢闽光新增年产钢量约190万吨。三钢闽光生产规模的扩大增强了自身的盈利能力。

第二节　股权融资

股权融资是指企业通过出让部分股权，引进新的股东，使总股本增加，以实现直接融通资金的资本运作方式，其特点是具有长期性、无须归还性、无负担性和不可逆性。

一般来说，企业的发展主要分为四个阶段，即初创期、发展期、扩展期和成熟期，而股权融资的方式贯穿于企业的整个发展历程中。例如，初创期的公司通常需要天使投资；发展期的公司往往需要风险投资；扩展期的公司接受私募投资；到了公司的成熟期，如果要继续扩大，往往计划IPO，实现公开募股，将其股份向公众出售，使企业的股权价值得以提升。

一、天使投资

天使投资（Angel Investment）是更为早期的风险投资，通常是个人投资者或者非正式的风险投资者对初创企业的前期投资。公司在初创之时，还没有成熟的商业计划、团队及经营模式，很多事情都还是未知数，因此，天使投资者的对象往往是只有一个独特想法的创始团队。

一个想法能不能成为现实，转化成为价值，存在高度的不确定性，这就需要时间来检验，而在这个过程中既没有历史借鉴，又缺乏连续性，唯一能够稳定"军心"的就是初始团队。因此，天使投资对于投资者来说存在很大的风险，但创业成功后，天使投资者会享受到较高的收益。国外将最为常见的三类天使投资人称为3F——"family、friend、fool"（家人、朋友、傻瓜）。因为很多天使投资人是基于对家人和朋友的信任而参与投资，帮助创业者获取前期的启动资金。另外，还有一些成熟的天使投资人除了为创业者提供前期资金外，还为其提供资源、渠道和指引。

天使投资的资金额度不限，但项目越早期风险越大，所以天使投资的金额通常较小，一般都在500万元（人民币）以下。一般天使投资的资金来源为个人募集的资金或者就是投资者本人在工作中的收入。天使投资人往往会进入初创期的企业，参与到企业管理中来，对企业前期的探索发展进行密切的监督。天使投资的退出机制一般是在盈利模式成熟之后，卖给风险投资者或者私募股权基金。

初创企业前期在天使投资的培育下，拥有了较为成熟的经营模式和商业计划，得到了一定的客户数据支持，产品也慢慢成熟，企业渐渐进入成长期。而此时的天使投资已经不能满足企业继续扩大生产的需求，因此初创企业需要风险投资进一步开拓市场，扩大发展。

二、风险投资

风险投资（Venture Capital）或创业投资，是指将风险资本投向新兴的迅速成长的未上市公司，为融资人提供长期股权资本和增值服务，培育企业快速成长，数年后通过上市、并购或其他股权转让方式撤出投资并取得高额投资回报的一种投资方式。

初创企业需要稳定长期的资金流协助，风险投资便为企业的持续发展提供了大量资金，帮助创业公司迅速提升价值，获得资本市场的认可，为后续在资本市场融资奠定基础。因此，风险投资的投资期限较长，一般为3~5年，投资金额为200万~1000万元，但也会有几千万元的规模。

风险投资者对企业的风险投资不是为了控股和分红，其不要求经营权和控制权，不需要企业担保和抵押，而是通过资本和管理投资，实现资本增值，然后通过合理的方式退出，将所投入的资本由股权形态转化为资金形态，在产权流动中收回投资。

可见，一个便捷的投资退出机制是风险投资者实现高收益的保障，没有便捷的退出渠道就无法补偿风险资本承担的高风险。风险投资在国内通常通过卖给私募基金或者公司上市的方式退出，在国外则主要通过兼并收购的方式退出。

2018年，界面新闻联合亿安保险经纪，根据风险投资机构新进和退出项目的情况对中国顶级风险投资机构进行了排名，结果如表5-1所示。其中，位于榜首的IDG资本是较早进入中国的国际投资机构，自1992年成立以来，已经投资超过750家企业，如百度、腾讯、搜狐、携程等成功的互联网企业，成功退出170家。[①]

表5-1 2018年中国顶级风险投资机构排名

排名	机构名称	主要管理人	主要投资领域	上年排名
1	IDG资本	周全、熊晓鸽、李骁军	互联网与高科技、新型消费及服务、医疗健康、工业科技等	2

---

① 沈海燕.2018界面中国顶级风险投资机构揭晓，IDG投资、红杉资本中国基金、深创投位居前三[EB/OL].界面，2018-12-13.

续表

排名	机构名称	主要管理人	主要投资领域	上年排名
2	红杉资本中国基金	沈南鹏、周逵、计越	科技/传媒、消费品/服务、医疗健康、工业科技	3
3	深创投	倪泽望、孙东升	TMT、消费升级、医药生物、节能环保等	1
4	金沙江创投	朱啸虎、丁健、林仁俊	TMT领域早期投资	5
5	晨兴资本	刘芹、石建明	社交媒体、人工智能、企业服务、消费升级等	12
6	高瓴资本	张磊	TMT、医疗健康、消费和企业服务等	4
7	达晨创投	刘昼、肖冰	TMT、消费服务、医疗健康、节能环保等	6
8	创新工场	李开复、汪华、郎春晖、张鹰	人工智能、消费升级、B2B、教育和文化娱乐	9
9	君联资本	朱立南、陈浩、李家庆	TMT及创新消费、专业服务和智能制造、医疗健康、文化体育	7
10	GGV纪源资本	符绩勋、童士豪、李宏玮、徐炳东	消费及新零售、前沿科技、企业服务与云、社交及互联网服务	11

资料来源：沈海燕. 2018界面中国顶级风险投资机构揭晓，IDG投资、红杉资本中国基金、深创投位居前三［EB/OL］. 界面，2018-12-13.

位居第三的深创投是目前中国资本规模较大、投资能力较强的本土风险投资机构，自1999年成立至2018年，已投资910个项目，其中248个已成功退出，如2017年退出中石科技、永安自行车、华大基因、捷捷微电子、英科医疗等。

榜单中2018年排名提升最大的是晨兴资本。晨兴资本是一个从事早期风险投资的机构，主要为创业企业提供种子期、早期及成长期资金，对每一家企业的初始投资额通常在50万美元以上，凤凰网、迅雷、虎牙等都是晨兴资本投资成功的项目。但其2018年排名提升最主要的原因还是对于小米的成功投资。晨兴资本在2010年就参与小米的投资，分别投资了A轮和B轮，合计投资金额为1.31亿美元。2018年小米在港交所上市，晨兴资本作为小米最早期的机构投资者，成为小米上市后机构投资者中最大的资本赢家。

在创业投资的后期，企业渐趋成熟，拥有较大的规模，可以产生稳定的现金流，已经能够从市场上可持续地获取经济资源。此阶段的企业为了继续占领市场、规范上市、整合产业、延伸业务等，需要大量资金的支持，私募股权基金便正值所需。

三、私募股权基金

私募股权基金（Private Equity Fund）是指定向募集、投资于未公开上市公司股权的投资基金，也有少部分投资于上市公司股权，一般这些被投资的公司在未来2~3年内都会有极大的希望成功上市。通常私募股权基金投资的数额在5000万元到数亿元之间，其投资、销售、赎回都是以私下协商的形式进行，无须披露交易细节。

私募股权基金的特点如下。

第一，私募股权基金定位于实业投资，投资对象是产业尤其是高科技产业中的创业型或成长型企业，一般投资于私人公司，即非上市公司，这些公司通常在2~3年内有很大的概率上市，也有少部分投资于上市公司股权。

第二，私募股权基金是一种专家管理型资本，除了提供资金外，还提供特有的资本经营和增值服务。私募股权基金一般都会有专业的基金管理团队，可以为企业的发展提供专业化的经营和管理策略，为企业提供战略、融资、上市等方面的咨询和支持。另外，私募股权基金投资是在退出中获利，因此有动力参与企业管理，满足企业的融资要求，提供特有的资本经营和增值服务。

第三，私募股权基金是专业化的资本经营机构。私募股权基金的投资额通常在 5000 万元到数亿元之间，因此其主要是具有雄厚资金实力和高质量资本结构的机构投资者，如养老基金、保险公司等，另外也有极少数富有的个人投资者。

第四，私募股权基金进入的目的是为了退出，在进退中获利。其退出渠道有 IPO、出售、兼并收购、标的公司管理层回购等。

私募股权融资是扩张期公司重要的融资方式，也是公司在申请 IPO 前的必经之路。因为对于企业而言，私募股权融资不需要担保和抵押，相对简单，可以快速满足公司的融资需求，还可以获得私募股权投资者更加专业的管理和经营经验，帮助改善公司治理。

近几年，随着私募股权基金的规模不断扩大，其投资的行业越来越丰富。根据 CVSource 投中数据显示，IT、互联网、生物技术及医疗健康、人工智能、先进制造是投资机构最为关注的领域。

2019 年上半年各投资机构投资方向如表 5-2 所示。

表 5-2　2019 年上半年各投资机构投资方向

机构	投资行业	成功项目
腾讯投资	IT、互联网、电信及增值业务、金融、娱乐传媒	链家、小红书、拼多多、快手、贝壳找房等
博裕投资	生物技术及医疗健康、互联网、IT、金融、物流	水滴互助、爱奇艺、网易云音乐、宁德物流等
金石投资	金融、机械制造、生物技术及医疗健康、建筑及工程	锤子科技、华大基因、中通快递、寒武纪科技等
中金资本	生物科技及医疗健康、互联网、汽车、化工原料及加工	华熙生物、蔚来汽车、华大基因、圆通快递等

续表

机构	投资行业	成功项目
高瓴资本	互联网、IT、生物技术及医疗健康、连锁及销售、金融	海底捞、爱尔眼科、中通快递、格力电器、蓝月亮等
阿里巴巴战投部	互联网、IT、电信及增值业务、连锁及零售	饿了吗、盒马鲜生、第一财经、美团点评、优酷、银泰百货等

资料来源：IT桔子官网。

2019年11月，中国提前开启5G商业进程。5G技术的开启，标志着人工智能、大数据、云计算、物联网等技术进入高速发展阶段。例如，瑞银就看好5G智能手机供应链中的中国互联网企业。目前，智能制造已经成为各国竞争的重要领域，很多国家制定了相应的战略，如我国的"中国制造2025"、德国工业4.0、英国制造业2050、日本制造业白皮书、美国先进制造业国家战略等。因此，与产业转型升级相关的机械制造、半导体等行业的投资热度不断增加。

另外，随着国民财富的增加以及老龄化的发展，大消费和大健康开始进入黄金投资阶段。在医疗健康领域，老龄化带来的"养老养生""医疗医药"以及"康复智能"的市场需求巨大，我国养老产业和健康管理等的未来发展空间广阔，吸引了大量投资机构关注。

案例分析：小红书的融资历程

小红书从成立之初便吸纳了数轮股权融资用于其业务的开发与扩展，小红书的发展与壮大离不开每一轮的股权投资。如表5-3所示，2013年成立当年的10月，小红书就获得真格基金数百万人民币的天使投资；2014年6月，获得金沙江创投和真格基金数百万美元的A轮投资；2015年6月，获得纪源资本（GGV）和金沙江创投1000万美元的B轮投资；2016年3月，获得腾讯、元生资本和天图资本1亿美元的C轮投资；2018年5月，获得阿里巴巴、金沙江创投、腾讯、纪源资本、元生资本等超3亿美元的D轮投资①，公司估值超过30亿美元。而此次小红书的私募股权融资，主要是用于扩大和升级团队，加大在产品技术方面的投入，尤其是算法分发方面的基础设施建设，从而为用户规模的不断增长做充分的储备。

表5-3 小红书融资历程

时间	轮次	金额	投资方
2013年10月1日	天使投资	数百万元人民币	真格基金、徐小平
2014年6月29日	A轮	数百万美元	金沙江创投、真格基金
2015年6月8日	B轮	1000万美元	GGV、金沙江创投
2016年3月31日	C轮	1亿美元	腾讯、元生资本、天图资本
2017年1月1日		99.4万美元	真格基金
2018年5月31日	D轮	超3亿美元	阿里巴巴、金沙江创投、腾讯、GGV、元生资本等

资料来源：小红书融资历程有哪些 用户接近一个亿[EB/OL].织梦财经，2018-08-12.

私募股权投资者之所以投资小红书，是看好其未来的发展。早在2018年4月，小红书的联合创始人瞿芳就声称小红书会在今后两年内赴美国进行IPO，这对于私募股权投资者来说无疑是一个稳妥的退出渠道。当然，小红书的增长势头确实不负众望。

创立之初，小红书是一个带有购物攻略性质的海淘化妆品

---

① 康斯坦丁.小红书完成新一轮3亿美元融资 领投的阿里看上了哪些独特优势？[EB/OL].百度百家，2018-06-02.

> 平台，随着电商的发展势头渐弱，小红书开始深耕UGC（用户原创内容）购物分享社区，目前已经成为全球领先的消费类口碑库和社区电商平台。截至2019年1月，小红书用户数超过2亿，90后和95后最为活跃，学生、白领居多，其中女性占到了70%~80%。

四、企业上市

1. 上市的选择

企业发展到了成熟期，若要继续扩大发展，往往计划上市。上市可以使企业从广大投资者手中筹集一笔数额可观而且成本极低的资金，是最具吸引力的长期融资形式，能在很大程度上解决企业对资本的需求。上市后，企业股票价格通常会以高于15倍的市盈率交易。

同时，上市可以提升企业的品牌影响力。由于上市公司必须满足证监会相对严格的IPO条件，因此客户、供货商和银行对上市公司将更有信心，公司也将更容易地吸引新客户和供货商，银行会给予更高的信用额度，公司通过金融机构融资的成本亦会降低。

另外，随着股份的分散，公司的经营风险由股东们一起承担。如果经营者不想继续经营公司，可以通过公开出售股份的方式直接退出，实现个人财富的增值，而上市公司的壳价在市场上也是有异常的吸引力。

但是企业上市往往面临比较高的公司治理和财务管理等条件要求，企业只有具备良好的经营业绩和最佳的财务状况，合规经营，使企业保持强劲的增长，才会获得资本市场投资者的青睐和追捧。当然，企业无论是否准备上市，都应该努力增加公司利润，改善企业资产负债率，扩大经营规模，这样在未来上市时，企业将会获得较高的估值水平，募集的资金也会比较多。

有些企业出于其他考虑，并不热衷于上市，但发展依然强劲。如华为，其股权掌握在员工手中，又如老干妈、立白集团等。

2. 上市的地点

上市地点的选择也是非常重要的，公司在选择上市地点时应综合考虑上市规则、市场流动性、市场估值情况、市场投资者背景等因素。因为不同的市场具有不同的规则，存在不同的优劣势，上市也存在不同的成本。上市地点主要分为内地、中国香港和海外，如图5-3所示。

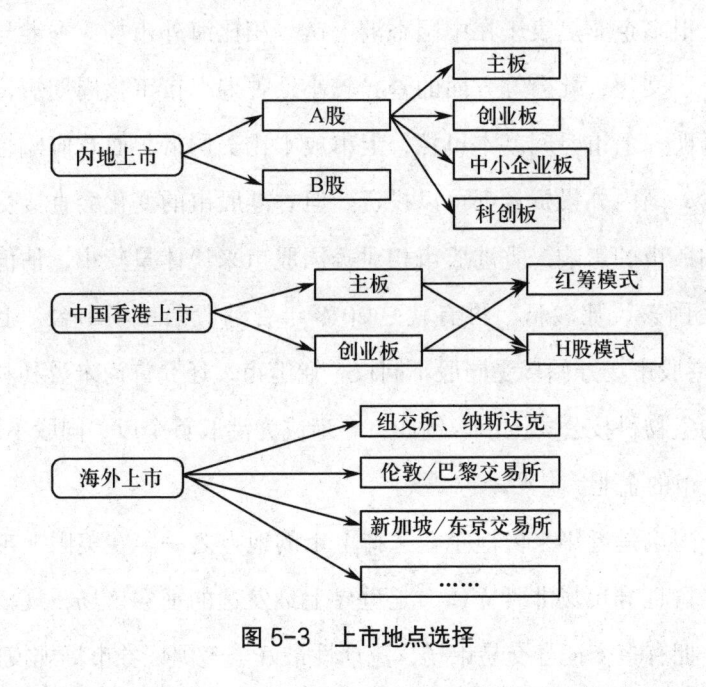

图5-3 上市地点选择

对于很多中小企业来说，在内地上市有很多优势，如成本较低，管理费用较低，有助于提升公司品牌知名度，容易获得投资者认同，国内投资者愿意给出更好的价格，融资额度较高，并且再度融资额度比首次融资还要高。但劣势是在证监会批准的过程中有较多不确定因素，市场波动较大，企业等待上市的时间较长，并且国外投资者不能自由地购买中国的股票。内地上市要求较多，对于很多中小企业来说依然比较困难，特别是对于那些具有较高成长性，但尚未盈利的创新型公司。

中国科创板于2019年7月22日于上海证交所正式开市，科创板即科技创新板，主要定位于符合国家战略、具有核心技术、行业领先、有良好发展前景和市场认可度的企业。科创板上市不要求盈利，主要考虑市值、营业收入等指标。

有很多企业热衷于在中国香港上市。相比海外市场，香港与内地在语言、文化、社会等方面的差异较小；香港上市审核周期短，审核过程透明，上市时间基本可控；上市成本比美国低，而政府监管却比美国少，国内外投资者都可以投资。但香港股市的变化会直接受美国和欧洲股市的影响，香港股市相对美国股市来说体量较小，估值较内地和美国来说比较低。再有就是2018年香港股票市场出台"上市新规"，港股市场开始接受同股不同权企业上市，还允许尚未盈利和没有收入的生物科技公司上市。例如，小米成为港股首个以"同股不同权"模式上市的企业。

美国也是近年来内地企业选择上市的地点之一。在美国上市的优势是美国证券市场非常立体，是世界上最发达的证券市场，规模全球最大，拥有多个证券交易市场，流动性最好。美国证券市场规模巨大、资金充裕、技术先进、知名度高，可以满足不同层次企业的需求。美国证券市场也是世界上监管最严格的，一般波动不大。2019年中国企业在美国上市的有33家，共募资35.65亿美元。其中，在纳斯达克上市的有 29 家，在纽交所上市的有 4 家。[1]

在美国上市的劣势是信息披露和监管费用较高，每年审计、法律和股票市场管理费用至少需要 100 万美元。上市后企业需要投入大量精力以满足监管的要求，包括提供季度和年度报告、年度股东会议记录等。因此，企业需聘用有经验和精通英语的首席财务官把关，否则一旦文档中出现某些错误，企业高管将负有个人连带责任。再者，美国与中国内地在语言、文化、制度等多个领域具有较大差异，内地企业对于国外投资者来说较为陌生，要想获得国外投资者的信任并不容易。

除此以外，新加坡主板与创业板、伦敦的 AIM、韩国股票交易市场也是中国企业上市的选择。

案例分析：小米的股权融资之路

从 2010 年 4 月公司创立开始，小米基本保持每年一次的融资节奏，充足的资金为公司的不断增长和壮大提供了极大的支持。小米上市之前，总共完成 9 轮融资，融资总额达 15.8 亿美元。在小米的 9 轮融资之前，还有一次种子融资。小米创立之初，晨兴资本的刘芹按照 2500 万美元的估值给雷军投资了 500 万美元。下面我们来看看小米的股权融资之路。

A 轮融资自 2010 年 9 月 28 日开始，一直持续到 2011 年 5 月 17 日，募集金额 1025 万美元，估值 2.5 亿美元。投资者有晨兴资本、启明创投及雷军、林斌、周光平等创始人，其中雷军投入约 300 万美元。然而，此时的小米只有 54 人的团队，其他什么都没有，此次融资的主要目的在于产品开发。

---

[1] 瑞恩资本.2019 年在美国 IPO 上市的中国企业名单(33 家)及其表现盘点[EB/OL].资本邦,2020-01-10.

B 轮融资从 2010 年 12 月 21 日开始，持续到 2011 年 9 月 16 日，总共募集到 3085 万美元，包括 B、B+、B++ 三个小轮次，分别募集 2750 万美元、275 万美元、60 万美元。投资方为晨兴资本、启明创投、IDG 资本、顺为资本，晨兴资本投资额最高，雷军跟投近 300 万美元。截至 2010 年底，雷军及联合创始人合计持有 1.625 亿 A 类普通股和 5750 万 B 类普通股，每股面值均为 0.0001 美元，A 类每股可投 10 票、B 类每股可投 1 票。公司在成立之初就着手搭建 VIE 架构，还采用 AB 股模式，为其此后在香港上市打好了基础。

C 轮融资从 2011 年 9 月 30 日开始，到 2011 年 11 月 10 日为止，历时两个月，募集金额达 9010 万美元，估值达到 10 亿美元，包括 C、C+ 两个小轮次，分别募集 8800 万美元、210 万美元。此次投入最多的是顺为资本，占 1/3 以上的份额，另外还有 IDG 资本、启明创投、晨兴资本。除了这些此前就参与投资的机构之外，高通和淡马锡也加入了投资行列。高通是手机领域最主要的芯片提供商，同时也是小米的芯片供应商。值得注意的是，除了上述机构投资者外，DST 的创始人 Yuri Milner 还以个人身份参与了本轮融资。此次融资的主要目的是进行零部件采购，扩大生产规模。小米获得了极大的市场关注，虽然当时小米只有 34 万部手机的订单，一部手机都没卖出去，但小米的估值达到了 10 亿美元。

D 轮融资在 2012 年 6 月 22 日完成，本轮融资由 DST 领投，启明创投跟投，共募集资金 2.16 亿美元，此时公司估值 40 亿美元，估值是上次的 4 倍。这期间，小米手机增加了多样化配置，丰富了用户选择，同时，MIUI 等软件和应用产品以及互联网服务也获得了良好的市场关注，小米的品牌认知度大大提高。此次融资依旧是针对公司产品的研发。

E轮融资在2013年8月5日完成，本轮融资依旧是DST领投，融资金额为1亿美元，公司估值达到了100亿美元。此时小米手机在国内市场的地位已渐趋稳固，融资主要是对硬件系统生态链的投资，如路由器、移动电源、空气净化器等。

F轮融资开始于2014年12月23日，此时公司估值达到450亿美元，超越了当时联想和索尼的市值总和。相比此前融资的一帆风顺，此轮融资不太顺利，一直到2017年8月24日才结束，共融资11.34亿美元。投资者有新加坡政府投资公司（GIC）、全明星投资（All-stars）、DST、厚朴投资和云锋基金等机构。此次融资的实现保障了小米全球化战略的布局，当年，小米成功进入印度市场，同时也为其对生态圈企业的投资并购提供了支持。

2018年7月9日，小米在香港证券交易所正式挂牌上市，股票代码为01810.HK，IPO募集资金达到370亿港元。

小米并没有让股权投资者失望，上市之后最早期种子投资的回报率达到886倍，晨兴资本作为小米最早期的机构投资者，成为小米上市后机构投资者中最大的资本赢家，DST、启明创投、顺为资本、全明星投资也获利颇丰。

股权融资为企业提供了便利、高效的融资机会，企业的原股东以出让自己对企业的部分所有权为代价，通过企业增资的方式引进新的股东。现在股权融资已经成为众多中小企业最理想的融资途径。我国中小企业蓬勃发展，众多优秀企业凭借自身的创意、模式等吸引投资者，通过融资发展壮大。一个小企业从初创时期到最终成熟时期可能会经历不同的股权融资阶段，从最开始通过天使投资收获第一笔投资资金，到稳定经营时期获得风险投资，再到后期较为成熟时期获得私募股权投资，最终达到上市的目的。

可以说，股权融资在企业发展中所扮演的角色是不容小觑的，企业应该妥善地运用股权融资来优化自身的资本结构，从而与投资者实现双赢。

第三节 债务融资

一、债务融资的作用

债务融资是指企业通过借债的方式向个人或机构投资者筹集营运资金或资本开支。传统企业如钢铁企业、煤矿企业、制造类企业一般会选择债务融资，因为传统行业的收益利润是既定的，债务融资成本更小。债务融资的特点主要是具有短期性、可逆性、负担性、流通性，即企业所融资金具有时间节点，到期需要偿还资金，并且需要支付债务利息，这在一定程度上增加了企业的负担。

债务融资的作用主要是降低企业自有现金流和优化资本结构。因为一般中小企业的自有现金流是成本比较高也比较紧张的，通过债务融资，企业只需要每个月支付固定的利息即可获得稳定的现金流，这无疑降低了企业的自有现金流。而当企业盈利增加时，企业也可以通过发行债券来获得更大的资本杠杆收益，当企业资产总收益率大于债务融资利率时，债务融资就可以提高投资者的收益率。有些企业还发行可转换债券和可赎回债券，以便更加灵活主动地调节公司内部的资本结构，使其更加合理。

另外，债务融资可以帮助企业迅速筹集资金。相对于其他融资方式来说，债务融资手续较为简单，资金到位也比较快，可以及时解决资金不足的困难。

从20世纪80年代国债恢复发行开始，中国债券市场迅速发展，截至2018年10月末，中国债券市场余额已经超过80万亿元人民币，位居世界第三，其中公司信用类债券市场成为仅次于美国的全球第二大的债券市场。2018年以来，由于宽松的信用政策，公司信用类债券发行态势向好，2019年1月，公司信用类债券发行约9500亿元，同比增长165%。[1]

我国一直在推动债券市场的对外开放，鼓励境外机构到中国债券市场发债，即"熊猫债"，同时支持境外机构到中国债券市场投资和配置人民币债券资产。2015年亚洲开发银行和国际金融公司首次获准在我国发行熊猫债，拉开了我国债券市场对外开放的序幕。目前熊猫债发行的主体非常广泛，包括世界银行和亚洲开发银行等国际开发机构、外国的政府类机构、境外金融机构，以及大型的境外企业。截至2018年末，熊猫债累计发行规模将近2000亿元人民币，海外投资者持有中国债券的规模超过了1.7万亿元人民币。[2]

随着中国国际影响力的提升和中国市场规模的逐渐扩大，人民币债券逐渐获得国际市场的关注和认可，人民币债券已经成为全球机构投资者配置资产的重要选择。2019年，中国银行间市场交易商协会正式批准美国标普全球公司（S&P Global Inc.）进入银行间债券市场开展债券评级业务。国际机构对中国债券市场的认可，有利于吸引更多境外投资者和发行人进入中国债券市场，提升中国债券市场的国际化水平。

---

[1] 资料来源：中国人民银行官网。
[2] 乐居财经．潘功胜．熊猫债资金在境内或境外的使用没有限制[EB/OL]．东方财富网，2019-01-17．

二、债务融资风险和应对

企业在选择债务融资时，还应该考虑诸多风险，即随着企业经营、市场环境、资金供需情况等因素的变化，债务融资给企业财务带来的不确定性。

首先是企业自身经营带来的风险，主要来源于企业投资利润率和借入资金利息率的不确定性。企业还本付息的资金通常来源于企业收益，企业进行债务融资必须保证投资收益高于资金成本，当企业投资利润率低于借入资金利息率时，企业自有资金利润率降低，企业财务状况不佳，将出现收不抵支甚至会发生亏损。企业资产负债率过高或者资不抵债，将会使企业信誉受损，降低企业在融资市场中的信用等级，进一步影响企业的融资，使企业面临再融资资金短缺的风险。

其次是企业负债结构带来的风险。负债结构是企业负债中各种负债数量的比例关系，尤其是短期负债资金的比例。过度负债会降低企业的再筹资能力，如果企业大量举借短期债务用于长期投资，则当债务到期时，可能会出现难以筹措到足够的现金偿还到期债务的风险，或者如果还款期限比较集中，企业在短期内必须筹集巨额资金偿还债务，这将影响企业资金的周转。而对于长期借款，通常资本成本高，融资速度慢，并且附带一些限制性条款，这将影响企业对资金的使用，增加企业的经营成本。

最后是市场风险，主要是利率和汇率的变动。利率和汇率水平的高低直接决定企业资金成本的大小，特别是短期借款的利息成本。当货币供给减少时，贷款利息率不断提高，企业所负担的融资成本就会增加；反之，企业所负担的融资成本减少。同时，国际货币市场汇率的变动也给企业外币的收付带来很大的不确定性。

企业在进行债务融资决策时，应有正确的债务融资风险意识，根据自身情况，充分考虑已有的债务结构和还款期限等因素，保证资金的流动性，严格防范企业债务融资所带来的风险，特别是日后的偿付风险。具体应对措施包括以下几点。

首先，优化企业的债务融资行为，如确定合适的负债比例和合理的负债结构，以及债务期限结构。合理的负债结构主要是为了保证未来企业有足够的现金流进行偿付。不同性质和规模的企业具有不同的最优负债比例，一些资金周转较快的企业可以保持较高的负债比例。另外，企业还应对长期和短期债务及还款期限进行合理的搭配，减少日后的偿付风险。

其次，充分考虑市场利率和汇率走势，根据其内在规律预测未来走向，做出相应的融资安排。例如，当利率较高，或者处于由高向低过渡的时期时，企业应尽量减少债务融资或者采取浮动利率的计息方式。企业要积极利用金融工具规避金融风险，如利率风险、汇率风险和通胀风险，还要完善企业债务融资的各项制度规定。

最后，应大力发展企业债券融资，它不仅能拓宽企业的融资渠道，还能减少企业对银行贷款的依赖。

案例分析：恒大的债务融资

众所周知，房地产企业是资金密集型企业，具有资金投入大、资金周转慢等特点。房地产企业的融资需求通常较大，仅靠内部资金无法满足企业正常的资金需求，外部融资是企业获得正常经营所需资金的一个必要手段。

目前随着金融去杠杆以及房地产调控从严，国内房地产市场进入下行周期，房地产企业的融资环境并不好，融资渠道被大幅度收窄，融资模式受限，房地产企业的资金状况开始趋于紧张。因此，大多数房地产企业转向在国际市场寻找融资窗口期，加大境外发债的力度。

2018年10月31日，中国恒大集团宣布发行三期票据进行融资，融资规模达18亿美元，折算成人民币约125亿元。此次大规模发行美元债券主要是现有离岸债务再融资，即新债替换旧债。

恒大集团此次债券融资，无论是融资总额还是融资利率，均创同行近年来发债之最。融资总额方面，2018年1—8月，内地房企共发行境外债券353亿美元，其中8月发行17亿美元，恒大此次18亿美元的融资超过了8月融资水平[1]；融资利率方面，综观恒大的发债记录，2010年恒大曾发行利率为13%的债券，此次13.75%的利率超过历史最高水平，同时也是2018年亚洲垃圾级债券发行人中利率最高的。而在2017年，恒大发行66亿美元债券，利率仅为6.25%，一年时间发债成本就已翻番。[2]

另外，在此次债务融资过程中，恒大集团董事局主席许家印将分别认购5亿美元的2022年票据及5亿美元的2023年票据，这已不是许家印第一次抄底自家股债，真是不枉"回购王"的称号。

2018年11月19日，恒大又增发10亿美元于2020年到期的11%优先票据，作为10月底三笔债券融资之后的补充，并将与其中的一笔票据融资合并为同类型。仅11月以来，恒大拟发债融资的总额就高达28亿美元。

---

[1] 大猫财经.恒大18亿美元债获逆市追捧,许家印主动认购10亿美元彰显信心[EB/OL].腾讯网,2018-11-01.
[2] 师古斋主友文.恒大发美元债券利率竟要13.75%[EB/OL].新浪博客,2018-12-06.

> 2017年恒大开始瘦身计划，提前还清永续债，引入战略投资者。2017年，恒大通过三轮融资共计引入1300亿元战略投资，公司净资产大增204.3%，达到2422亿元。2017年5月和6月两个月内还清1129亿元的永续债，节省大量利息支出，使得公司净负债率大幅下降。
>
> 恒大未来的发展也得到国际投资机构的认可。2018年9月，全球三大评级机构标准普尔、穆迪、惠誉分别上调恒大的信用评级；花旗、野村证券、中银国际、国泰君安、法巴、联昌国际等知名投行也都给予恒大"强烈买入"或"买入"的评级。

三、夹层融资

夹层融资是私募基金提供给企业的一种风险和报酬介于股权和债权之间的融资工具，是传统创业投资的一种。该种融资工具通常是次级贷款，灵活性非常好，资金占用具有长期性。夹层融资所提供贷款的还款期限通常为5~7年，属于一种无担保的长期债务。但究其本质，该种融资仍然属于一种债务，这就要求融资公司应当具备能够产生稳定现金流的能力。

夹层融资的特点是融资期限长，投资可以进行调整，限制少，成本低。借款者可以根据企业发展的特殊性，灵活地调整还款方式，甚至享有延期支付利息、实物支付等优势。

在一些比较发达的资本市场，还有专门的夹层投资基金，专门为那些已经使用了较多股权和优先级债务，但仍有很大资金需求的企业提供资金，帮助企业改善资产结构，快速增加企业规模，这种方式通常会附带企业上市和被收购时的权益认购权。所以夹层融资也常常作为企业筹划上市的过渡，即当企业认为此时上市或私募将低估企业价值时，往往会考虑夹层融资，在短期内增加企业规模，同时增强潜在投资者对企业持续发展的信心，以便在未来获得更加理想的企业估值。

因此，夹层融资通常应用于处在快速发展期、占有很大市场份额、处于高成长阶段、具有良好发展前景、想收购和扩张投资的公司。

案例分析：华夏幸福的融资策略

2011年华夏幸福借壳成功，成为"产业新城第一股"，目前已经成为中国领先的产业新城运营商，具备房地产开发一级资质。华夏幸福的成功在于其前瞻性的运营模式和多样化的融资方式。

要了解华夏幸福的融资方式，我们需要先了解其盈利模式，盈利模式在一定程度上决定了资金需求和融资规模。

首先是政府对于园区建设开发的投入，主要是该地的税收收入、专项收入等；其次是园区招商引资的收入，如政府对于项目新增落地投资额的45%给予1.1~1.5倍的基础设施投资偿还；再次是园区产业服务和管理收入，如对园区内企业入园的审批、房产证办理、搭建投资平台等服务和管理；最后是房地产开发销售收入，这是其盈利的关键，如利用与政府合作的便利，通过获得政府的税收收入补偿和住宅土地增值补偿，以较低的成本获得土地。表5-4是2018年前三季度市值排名前十的房地产开发企业的总收入。结合2016年、2017年、2018年的数据可知，华夏幸福近几年的总收入一直稳居前三。

表 5-4 2018 年前三季度市值排名前十的房地产开发企业的总收入

单位：万元

股票代码	企业名称	总收入
600048.SH	保利地产	8756616.71
000540.SZ	中天金融	797794.79
600340.SH	华夏幸福	4280086.31
001979.SZ	招商蛇口	3106931.30
600383.SH	金地集团	2942005.49
002146.SZ	荣盛发展	2913006.31
600606.SH	绿地控股	22743228.41
601155.SH	新城控股	2273087.58
000069.SZ	华侨城 A	1959776.88
000002.SZ	万科 A	17653056.40

资料来源：根据 Wind 数据库整理。

如图 5-4 所示，华夏幸福自 2011 年上市后，总资产、净利润一直保持强劲增长，从而带来了稳定的现金流，为此后大规模的融资提供了有效的支撑。

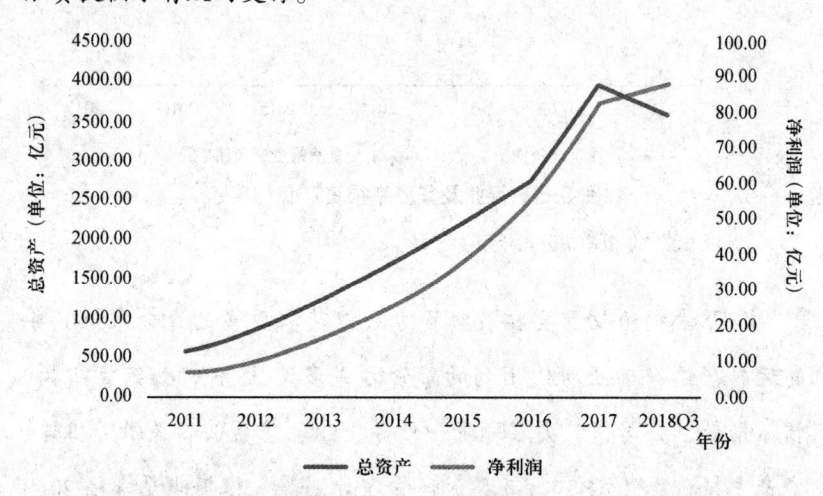

图 5-4 华夏幸福 2011—2018 年前三季度总资产和净利润

资料来源：华夏幸福公司年报。

企业新维度：重构经营之道

华夏幸福强劲增长的原因不仅在于其具有前瞻性的盈利模式，而且在于其具有多样化的融资方式，能够为其发展提供足够的"血液"。我们先来看看华夏幸福的融资结构。

华夏幸福作为一家房地产企业，其基础设施开发建设、载体建设需要大量的资金，且开发周期长，前期垫付资金量大。较高的负债率，再加上民营企业的背景，以及抵押物的缺乏，使华夏幸福难以获得银行贷款的青睐。如图5-5所示，华夏幸福的资产负债率自上市以来连年处于80%以上的高位，远高于同行业的资产负债率。

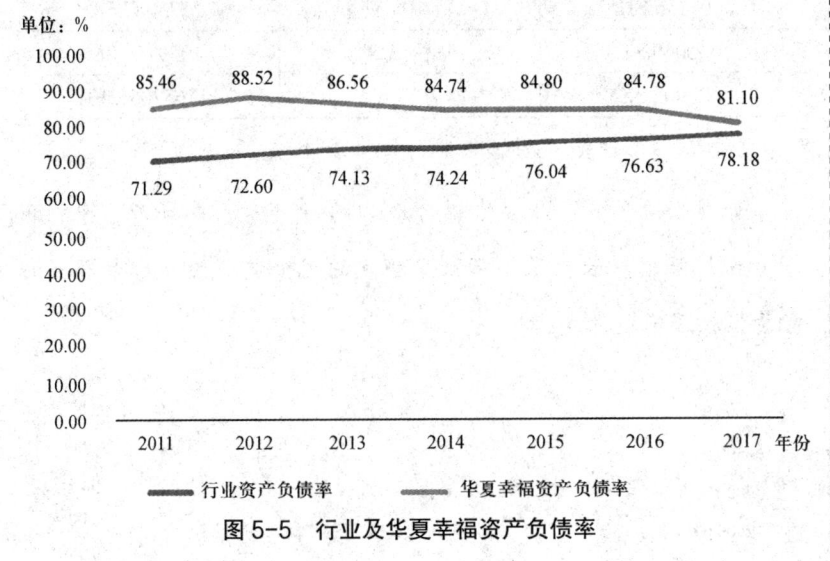

图5-5 行业及华夏幸福资产负债率

资料来源：华夏幸福公司年报。

华夏幸福迫切需要拓展融资方式以获取更多的资金维持业务的运转，迄今为止所使用到的融资方式多达21种，如销售回款、信托借款、公司债、夹层融资、债务重组、售后回租式融资租赁、资产支持证券（ABS）、夹层资产管理计划等。根据华夏幸福2018年的年报，2018年上半年的融资额度为1128.83亿元。

自然，华夏幸福不会忘记灵活机动的夹层融资。华夏幸福分别与华澳信托、华鑫信托、平安信托、长江财富等信托公司合作，将子公司股权转让或直接增资，这些金融机构享有经营收益权，并且可以灵活退出。2017年，华夏幸福通过信托计划、资管计划出让子公司股权，增资规模接近300亿元。

我们先来看看华夏幸福引入华澳信托的例子。

如图5-6所示，华夏幸福引入华澳信托进行增资。华澳信托通过"增资+贷款"的模式，投资10亿元给北京丰科建，持有北京丰科建66.67%的股权，其中包括直接增资7.6亿元，以及信托贷款2.4亿元。此时华澳信托成为公司的控股方，享有表决权，可以向北京丰科建委派董事和监管人员，负责监督和参与管理北京丰科建的项目和资金等日常事宜。

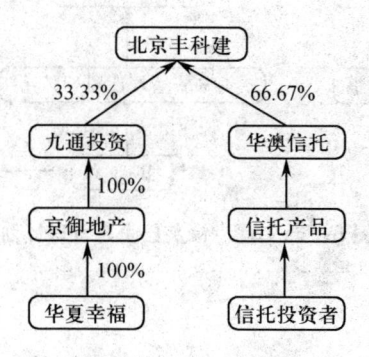

图5-6 华夏幸福夹层融资

华澳信托在信托计划满两年后，每隔六个月都可以有退出的权利，这也体现出夹层融资股债转换的灵活性，因此北京丰科建的收益既可以看作是华澳信托的股东收益，也可以看作是贷款利息。九通投资享有优先购买的权利，但也根据北京丰科建的收益自由选择是否继续持股。

还有一种类似夹层融资的方式——夹层资产管理计划，华夏幸福曾多次与资产管理公司签署此类资产管理计划。如图5-7所示，华夏幸福旗下的京御地产和华夏新城与大成创新资本和湘财证券达成的资产管理计划中，大成创新资本向华夏幸福旗下子公司华夏新城增资4亿元，持有华夏新城66.67%的股权。这4亿元投资来自由华夏资本设定的华夏新城股权的专项资产管理计划。该专项计划的投资人通过华夏新城股东现金分红或股权溢价转让的方式实现收益。大成创新资本可以选择在一年之后自由退出，京御地产可以在一年后回购华夏新城的股权。

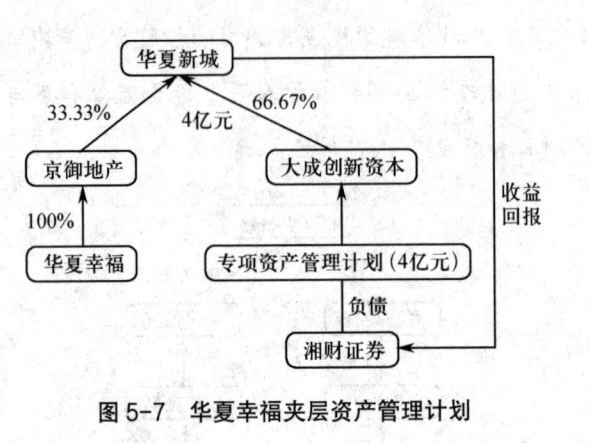

图 5-7 华夏幸福夹层资产管理计划

第四节 资产证券化

一、资产证券化的结构

资产证券化是通过一定的结构设计和资产转移，在资本市场将基础资产转换成可以出售或转让的证券进行融资，并以基础资产本身所产生的现金流进行偿付的一种过程。其中，基础资产就是未来可以产生稳定现金流的资产或资产组合。

简单来说,资产证券化就是出售基础资产的未来现金流进行融资的一种直接融资方式。美国的政府国民抵押协会于1970年首次发行以抵押贷款组合为基础资产的抵押支持证券——房贷转付证券。之后,资产证券化成为一种全新的金融创新工具,得到了极大的发展,并且在此基础上又衍生出风险证券化产品。

图5-8是资产证券化的结构,结构图中涵盖了资产证券化过程中的大部分参与者,下面我们通过对资产证券化流程的介绍来了解这些参与者在资产证券化过程中的作用。

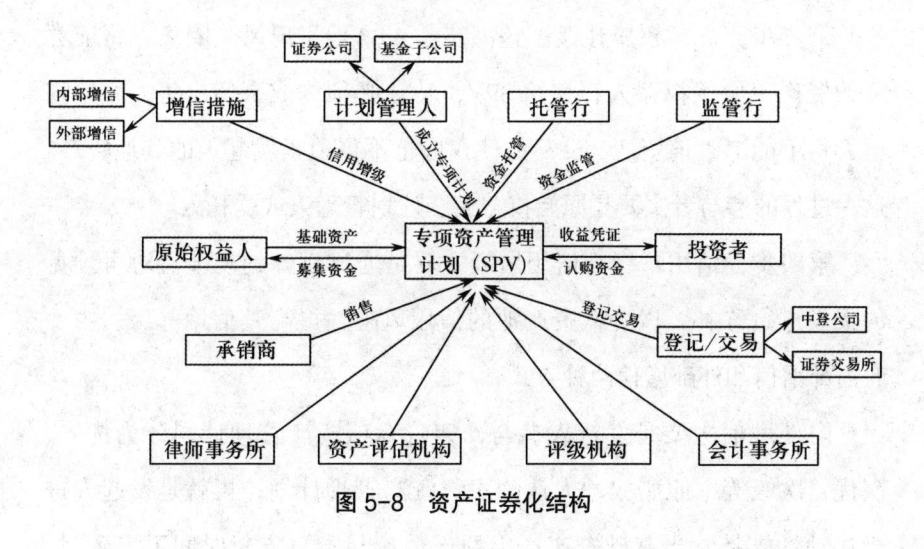

图5-8 资产证券化结构

第一步,构建资产池。发起人即原始权益人,根据自身的融资需求,选择其能够产生独立、稳定、持续、可预测现金流的财产权利作为基础资产。基础资产应符合法律规定,可以是企业应收款、租赁债权、信贷资产等,也可以是基础设施、商业物业等不动产或不动产收益权,以及中国证监会认可的其他财产或财产权利。必要时,发起人可以将基础资产进行剥离和整合,构建资产池。或者由计划管理人筛选合适的基础资产作为资产池，以此为基础为原始权益人融资。这一过程的主要参与者是原始权益人或计划管理人。

第二步，设立特殊目的载体（SPV）。原始权益人将基础资产转移或出售给SPV，目的是实现基础资产与发起人之间的"破产隔离"，这是资产证券化运行的关键一步。SPV以运营资产证券化为唯一目的，可以是信托实体，也可以是证券公司或基金子公司的专项资产管理计划。SPV通常会将基础资产进行重新配置，而且在设立SPV的过程中还需要对拟证券化的资产进行增信和评估等。这一过程的主要参与者是计划管理人。

第三步，资产权属让渡。这一步骤主要是实现风险隔离，将证券化的资产由原始权益人转移给SPV，转让必须构成真实出售，原始权益人将不能追索该资产，SPV的债权人也不得追索发起人的其他资产。这一过程的参与者主要是原始权益人、计划管理人或受托人。

第四步，信用增级。信用增级主要是通过额外的现金流对可预见的损失进行弥补，以降低资产池的信用风险，提高其信用等级，主要有内部增信和外部增信两种方式。

内部增信主要是发行人参与，如将专项资产管理计划分为优先、次优、次级等，原始权益人认购次级资产管理计划；再就是发起人进行流动性支持，当基础资产产生的现金流与本息支付时间不一致时，由发起人为未来收入代垫款项，或者由发起人设置一个特别的现金储备账户，使用现金储备账户内的资金弥补差额，或者发起人对差额进行担保，约定回购剩余基础资产等。

外部增信主要由第三方提供担保，如保险，通常保险机构提供10%左右的保险，但这种方式成本较大；或者由银行出具具有明确金额的流动性贷款支持协议；或者由其他第三方在基础资产产生的现金流与本息支付时间不一致时提供流动性支持等。这一过程的主要参与者有发起人、计划管理人、托管人、担保人、律师事务所、会计师事务所等。

第五步，信用评级。对资产池进行信用增级之后，就需要引进独立的信用评级机构对未来能够产生的现金流以及拟发证券进行评级，这是投资者选择证券的依据。在这个过程中主要是资产评估机构、信用评级机构参与。

第六步，证券发行与销售。在这一过程中，SPV通过公开发售或私售的方式借助商业银行或券商等金融机构向投资者承销证券，在资本市场申请挂牌上市，实现证券的流动性，并进行登记交易。这个过程中的参与者主要是计划管理人、承销商、托管人、中登公司、证券交易所。

第七步，获得发行收入。投资者购买证券，SPV在获取证券发行收入后，按照约定的购买价格向发起人支付购买价款，发起人完成融资。这一过程主要有计划管理人、投资者、托管人参与。

第八步，资产池的管理。在证券上市成功之后，SPV还需要继续对资产池的资产进行管理，主要包括收集基础资产产生的现金流，在结算日根据约定进行分次偿还和收益兑现。另外还有账户之间的资金划拨及相关税务和行政事务的处理。SPV通常会聘请专门的资产服务机构来负责从债务人处收取本息，但目前全球最为常见的安排是由债权资产的原始持有人承担此项职责。

第九步，清偿证券。待资产支持证券到期后，SPV向持有资产支持证券的投资者还本付息。用资产池产生的收入还本付息、支付各项服务费之后，若仍有剩余，按协议规定在发起人和SPV之间进行分配。至此，一个资产证券化过程结束。

资产证券化作为一种融资方式，对于融资者和投资者都有巨大的好处。

对于融资者来说，第一，可以调节资产结构，增强资产流动性。资产证券化可以将企业流动性较差的资产或未来可预期的现金流"变现"成目前可以利用的资金，盘活资产负债表左侧资产。

第二，获得低成本的融资。通过资产证券化可以将流动性较差的资产进行出售，从而实现融资的目的，降低融资成本，增加新的融资渠道。

第三，降低资产负债率。企业通过资产证券化将未来的现金流变成了有价证券，减少了应收账款等风险资产，降低了企业资产负债率，优化了财务报表，便于企业进行资产负债管理。

第四，提高企业的融资信用。资产证券化实现了企业从整体信用基础向资产信用基础的转化，弱化了发行人的主体信用，更多地关注基础资产的资产信用，如一个主体评级 BBB 级的企业可以通过资产证券化形式发行 AAA 级债券。长期来看，资产证券化可以提高企业信用资质。

对于投资者来说，资产证券化可以实现风险隔离。由于资产证券化有一个资产转移的过程，原始权益人将证券化的资产转移给 SPV，将证券化资产与原始权益人的债务风险和破产风险等经营风险进行隔离，从而实现资产和主体的风险隔离，投资者只需考虑证券化资产的质量。再者，由于资产证券化后可以在资本市场上市交易，因此证券化的资产流动性增强，且通常具有较高的收益。

我国近几年资产证券化的发展十分迅速，规模在不断增长。目前，我国拥有亚洲最大的资产证券化市场，规模仅次于美国。我国资产证券化产品发行数量、金额与占比如表 5-5 所示。

表 5-5 我国资产证券化产品发行数量、金额与占比统计

年份	发行数量	发行金额（亿元）	债券发行额（亿元）	占比（%）
2005	4	172.7	16410.0	1.05
2006	10	280	22847.0	1.23
2007	5	198	41038.0	0.48
2008	7	282	30198.0	0.93
2009	0	0	48667.5	0.00
2010	0	0	51156.1	0.00
2011	1	12.8	64202.6	0.02
2012	13	281.4	80981.2	0.35
2013	19	279.7	85149.5	0.33
2014	97	3218.4	121860.7	2.64
2015	308	6093.3	231665.8	2.63
2016	498	8645.9	363589.6	2.38
2017	699	15095.7	408333.8	3.70
2018	943	20204.6	438461.0	4.61

资料来源：根据 Wind 数据库整理。

由表 5-5 可知，近年来，我国资产证券化产品发行规模在债券市场总发行规模中的占比不断提高，2018 年资产证券化产品发行规模的占比达到 4.61%，但这一比例相比美国和其他发达资本市场来说仍然较小。我国目前资产证券化产品的主要投资者为银行，公募基金、保险、基金专户、信托等机构投资者的比重很小，主要原因在于我国资产证券化二级市场的做市、质押回购等交易制度还不够完备，资产证券化产品的流动性较差，多数投资者只能持有到期，不能在产品波动期间套现获利或出售规避。但在美国等发达资本市场，资产证券化产品的主要投资者为共同基金、养老基金和私募投资基金，商业银行占比很小。

二、资产证券化的分类

在我国资产证券化产品总量扩张的同时，产品的份额结构也在进一步优化。如图 5-9 所示，我国的资产证券化业务主要分为三类：在银监会备案、央行审批的信贷资产证券化；在基金业协会备案、证监会审批的证券公司、基金管理公司子公司的企业资产证券化；在中国银行间市场交易商协会注册发行的资产支持票据。其中，资产支持票据不必设立特殊目的载体，不属于真正意义上的资产证券。

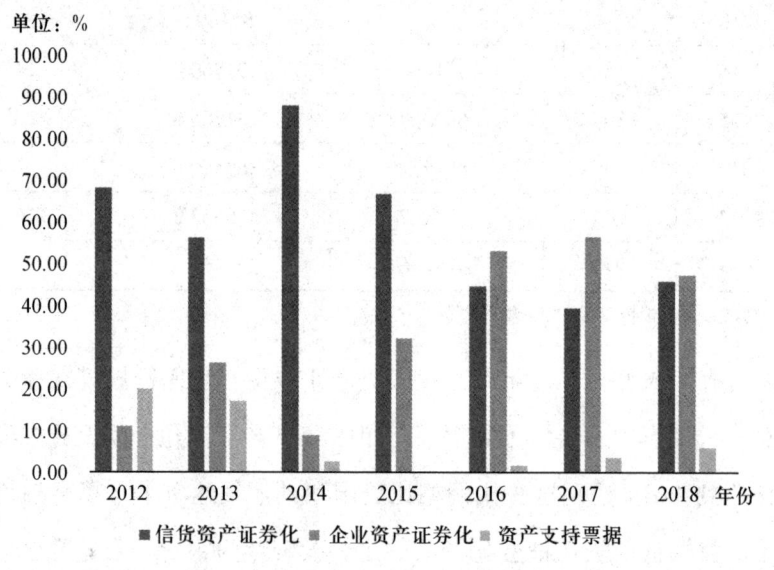

图 5-9 我国资产证券化产品结构

资料来源：根据 Wind 数据库整理。

下面我们详细了解一下我国资产证券化产品的种类。

第一，信贷资产证券化。即由金融机构作为发起机构，主要是商业银行、政策性银行、汽车金融公司、金融租赁公司以信托计划为 SPV 的表外模式，将信贷资产信托给受托机构，受托机构以资产支持证券的形式向投资机构发行受益证券。通常基础资产是银保监会监管下金融机构的信贷资产，如个人住房抵押贷款、基础设施建设贷款、地方政府融资平台贷款、中小企业贷款等。

第二，企业资产证券化。主要是证券公司或基金子公司专项资产管理计划，具体指证券公司面向境内机构投资者推广资产支持收益凭证，用所募集的资金按照约定购买原始权益人能够产生可预期稳定现金流的基础资产。通常基础资产为企业所拥有的债权及收益权资产，如企业应收款、信贷资产、信托受益权、基础设施收益权等财产权利，商业票据、债券、股票及其衍生品等有价证券，商业物业等不动产。

第三，资产支持票据。资产支持票据由非金融企业在银行间债券市场发行，是将特定基础资产的未来现金流在当前变现的一种融资工具。基础资产通常是公用事业未来收益权、政府回购应收款、企业其他应收款。

第五节　国际融资模式

在融资模式的选择上，企业要有开阔的融资视野和创新思维，将自己的融资视野投向境外，利用国际融资这一有效途径来解决企业当前存在的融资困难。

第一家赴港上市的内地企业是 HERALD HOLD，时间是在 1970 年；第一家赴美上市的企业是南太地产，时间是在 1991 年。2018 年又迎来了内地企业境外上市的热潮，如小米、海底捞、美团、阅文等一批企业陆续在香港上市，爱奇艺、拼多多、B 站等也是接二连三地奔赴美国上市。

企业境外上市主要通过三大模式，即红筹模式、VIE 模式、期权模式。下文逐一介绍。

一、红筹模式

为了更好地理解红筹模式的运作程序，首先需要了解一种不可忽视的海外融资方式——境外直接上市。即以国内公司的名义向国外证券主管部门申请发行股票（H股、N股、S股等），并向当地证券交易所申请上市交易。但是海外直接上市存在证监会审核、外商投资产业限制、公司治理要求、会计规则衔接等方面的障碍，这给企业海外融资带来了很多阻力和成本，因此海外直接上市并不为国内企业所青睐，于是衍生出红筹模式。

红筹模式，即通过在海外设立控股公司，将中国境内企业的资产或权益注入海外控股公司，并以海外控股公司的名义在海外上市募集资金。红筹模式的程序如图5-10所示。

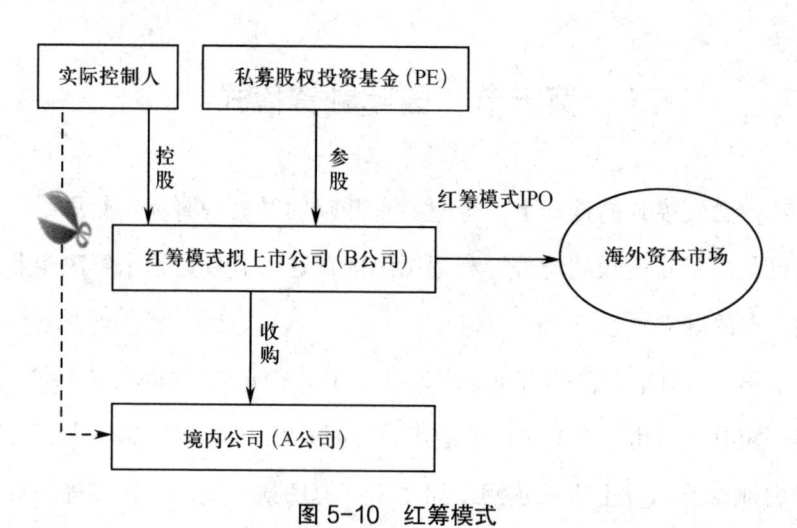

图 5-10 红筹模式

如图5-10所示，境内公司A试图到海外资本市场IPO。A公司实际控制人以个人名义在英属维尔京群岛（BVI）设立一家壳公司B。以

B公司作为海外融资平台,吸收私募股权基金的投资,同时A公司实际控制人以个人资产出资,完成对B公司的增资扩股。随后,用B公司收购境内A公司。收购完成后,由B公司到海外资本市场实施IPO。由于B公司是A公司的控股公司,这就实现了A公司的间接海外上市。

所谓红筹模式,就是指当公司需要上市时,该公司成立海外壳公司,一般为在开曼群岛等离岸地注册海外公司,并对该壳公司进行股权控制,再通过该壳公司控制原有境内本公司,使它们形成母子公司关系,最后通过海外壳公司的上市,实现境内本公司的间接上市。

通过该模式,企业可以很容易地实现上市的目的,由于其适用英美法系,更容易被国际投资人接受。同时,该模式的上市审批流程较为简单,企业可以自由决定股权运作,享受税收豁免,海外控股公司除了向离岸政府缴纳注册、年检等相关费用之外,无须缴税。红筹模式在流程上的便利性与宽松性给上市企业节约了许多成本,因此该模式受到了国内许多急于上市但还不符合国内上市标准的企业的青睐。在2006年以前,红筹模式是境内企业海外融资的主要方式。

二、VIE(协议控制)模式

外资不能投资互联网,这是国家从法律法规的角度对我国互联网行业进行的严格规范限制。这就要求我国互联网企业在融资时名义上的资金只能来自国内,不能来自国外。但是许多企业在融资时已不再将视角停留在国内,纷纷将目光投向国外资本市场,如中国的三大新闻门户网站新浪、搜狐、网易都在海外上市,阿里巴巴、盛大、腾讯、百度、360等企业也是如此。

这些企业因为行业准入的限制无法适用红筹模式,便衍生出了VIE

模式、期权模式等，从而实现在国外间接上市的目的。

如图5-11所示，VIE模式与上述红筹模式是类似的，它的巧妙之处在于：用结构性协议取代股权投资，从而实现对境内企业的控制。从图中我们可以看到，实际控制人通过红筹模式在海外实现C公司的上市，然后通过C公司控制国内的B公司，使B公司成为C公司的子公司，接下来B公司通过结构性协议实现对A公司的控制。

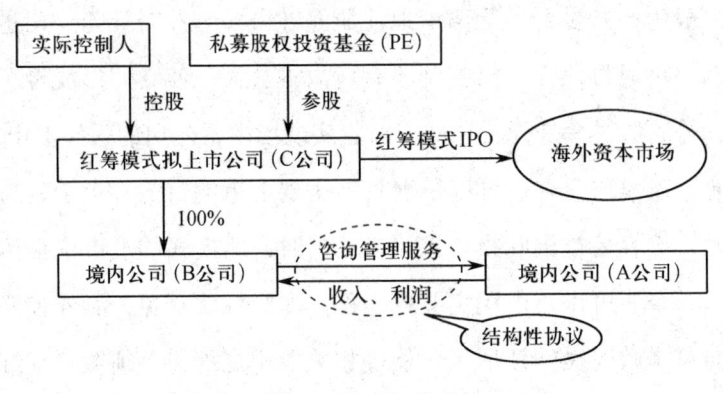

图5-11 VIE模式

在此我们注意到，由于C公司和B公司都与内资企业A没有任何股权关系，这样的操作没有违反禁止外商投资于ISP行业的规定。这样B公司通过结构性协议向A公司提供咨询管理服务，A公司据此向B公司支付收入与利润，从而实现了将A公司所创造的利润通过间接方式一步一步地转移到C公司股东手中，A公司也就实质上由C公司股东所掌控，并最终达到了间接上市的目的。

这里提到的结构性协议主要是运营控制类协议和利润转移性协议。运营控制类协议主要是指资产运营协议、股东持股票权代理协议、授权委托协议等，实现对境内运营实体日常经营的管理和控制；利润转移性协议主要包括管理、技术咨询等服务协议，商标、专利、域名等许可协议，或者股权质押协议，实现对利润的转移。

三、期权模式

关于期权模式，如图 5-12 和图 5-13 所示。

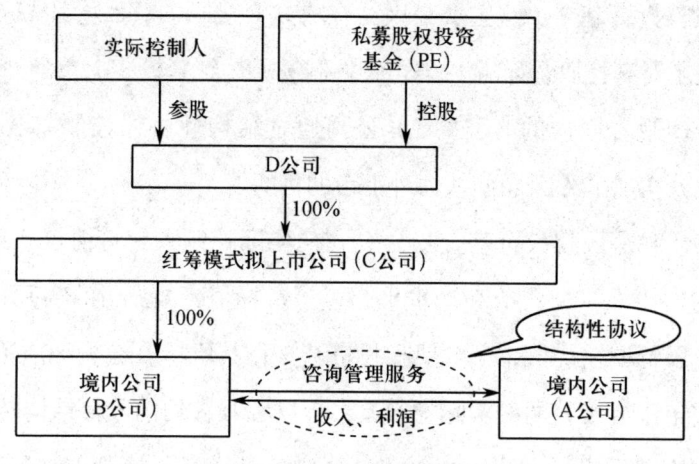

图 5-12 期权模式（1）

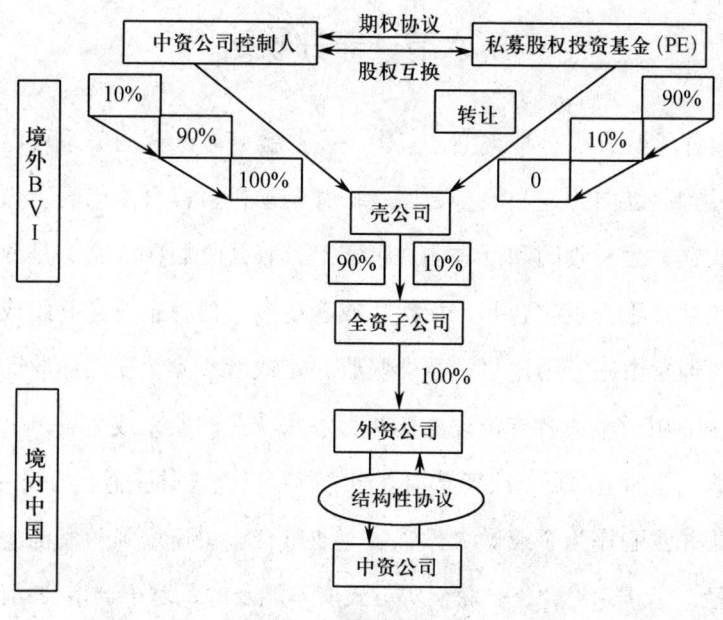

图 5-13 期权模式（2）

期权模式其实是 VIE 模式的另一种情况，即签署期权协议，使离岸公司在法律允许时获得境内运营实体股权的独家购买权。如图 5-12 所示，上市之后 A 公司的实际控股股东不是原先的实际控制人，而是私募股权投资基金。这主要是因为在成立 D 公司时，私募股权投资基金实现了对其控股，而后 D 公司又控制着通过红筹模式上市的 C 公司，C 公司控制着境内的 B 公司，B 公司通过结构性协议控制着 A 公司，这样也就实现了 A 公司间接海外上市的目的。

然后私募股权投资基金与 A 公司的实际控制人签订协议，在约定期间内，如果 B 公司的利润水平超过了目标值，A 公司的实际控制人就要求履行期权协议，私募股权投资基金将其所持 D 公司 80% 的股份无条件转让给 A 公司的实际控制人，行权后 D 公司的股权结构转变为：A 公司的实际控制人持股 90%，私募股权投资基金持股 10%。这样 A 公司的实际控股股东将由私募股权投资基金变为实际控制人。

第六节　兼并收购

兼并收购有很多种类型，其中，按并购双方产业的关系可以分为横向并购、纵向并购和混合并购；按并购动机可以分为借壳上市、管理层收购、敌意收购和反收购。事实上，兼并收购在广义上是两个概念。兼并又称为吸收合并，指两家或者更多的独立企业合并组成一家企业，通常由一家占优势的企业吸收一家或者多家企业。而收购是指一家企业用现金或者有价证券购买另一家企业的股票或者资产，以获得对该企业的全部资产或者某项资产的所有权，或对该企业的控制权。

兼并收购作为企业做大做强、产业整合、快速增强盈利能力的重要途径，是新建、合资、联盟等方式所不能及的。对于上市公司而言，多层次的并购重组是公司提高内在价值，提升公司市值管理水平的常用手段。当并购成功后，并购重组会给公司带来丰富的管理经验和优势技术，扩大公司的生产规模，提高其市场占有率和利润，促进公司市值的上升；另外，并购的成功还体现了公司的高成长性，公司会获得更高的市盈率，从而进一步促进公司市值的增加。诺贝尔经济学奖获得者 Stiglitz 就曾提出，通过并购形成巨型企业是现代经济的重要现象，几乎每一家美国大公司都是通过不断兼并才发展起来的。

那么，我国的兼并收购是从什么时候开始的呢？可以说，1993年深宝安收购延中实业开启了中国上市公司并购之旅，但是当时很多并购是以买壳上市的方式或配合政府的国企改革任务和国企扭亏而进行的。在市场经济不断发展的情况下，我国企业并购重组的步伐日趋加快，并购规模不断扩大，企业间的并购已经成为企业资源有效配置、国家产业升级的主要途径，成为企业实现规模经济、提高企业与产业价值和提升竞争力的重要工具之一。我国 2012—2018 年并购交易统计如图 5-14 所示。

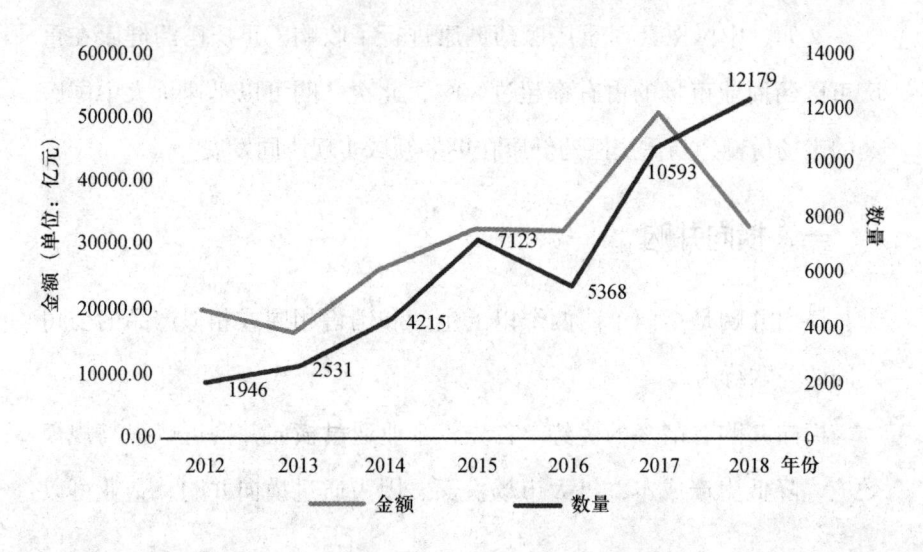

图 5-14　我国 2012—2018 年并购交易统计

资料来源：根据 Wind 数据库整理。

近年来，随着资本积累的完成，大量的央企、国企、民营企业纷纷走上了并购扩张、产业升级、战略转型的资本运作之路。无论是如火如荼的国企改革，还是民营企业的转型发展，并购都成为资本市场的主旋律之一。中国企业并购数量和交易金额都在迅速扩大，其中我国民营上市企业正在快速崛起，逐渐成为我国并购市场的主力，并购的比重逐年上升。截至2018年7月，民营企业共发生并购1835单，交易金额达到9795.45亿元，其中交易数量和交易金额占比分别为77.20%、71.76%。[1] 例如，2018年，阿里巴巴联合蚂蚁金服以95亿美元对饿了么进行了全资收购。

很多公司在成功的并购中提升了品牌地位。例如，2019年继峰股份对德国企业Grammer的并购，可以称得上是"蛇吞象"。Grammer是全球领先的汽车座椅及内饰供应商，而2015年才上市的继峰股份此前的经营范围主要集中在浙江地区。此次并购交易完成后，继峰股份将进入商用车座椅系统领域，开拓国际市场。

又如，中国医药对重庆医药健康进行了收购。重庆医药健康在重庆市医药商业市场的占有率超过80%，此次并购可以迅速扩大中国医药的市场份额，与重庆医药健康在更多领域实现协同发展。

一、横向并购

横向并购是指两个或两个以上生产和销售相同或相似产品的公司之间的并购行为。

横向并购有诸多的优势。首先，企业通过横向并购可以提高规模效应，降低生产成本，扩大市场份额。因为通过横向并购，企业可以

---

[1] 资料来源：根据Wind数据库整理。

减少同行业的竞争对手，扩大企业经营规模，提高市场占有率和核心竞争力，增强对市场的支配力和控制力。其次，企业通过横向并购可以发挥经营管理上的协同效应，迅速扩大生产经营规模，实现低成本扩张，便于在更大范围实现专业化分工，产生规模经济效益。具有代表性的横向并购案例主要有国美并购永乐电器、东航并购上航、中国五矿收购 OZ 矿业等。

案例分析：美克家居的横向并购

美克家居成立于 1995 年，经过多年的发展，已经成为我国最大的家具出口企业之一。近年来，美克家居开始向海外市场发力，不断地并购国外家居品牌，引入新产品，扩大新渠道，以期扩大在海外市场的影响力，打造美克家居多品牌矩阵，增强在国内市场的竞争力。

2017 年 11 月 15 日，美克家居全资子公司美克国际事业收购 M.U.S.T. 公司 60% 的股权。M.U.S.T. 公司主要从事 Jonathan Charles 高端家具的生产及销售、OEM 业务，同时还为酒店提供定制化的家具产品，生产销售五金配件，其产品市场覆盖北美、亚洲、欧洲等地区。

2017 年 12 月 29 日，美克家居收购 Rowe 公司 100% 的股权。Rowe 公司成立于美国弗吉尼亚州，已有 70 多年的历史，主要做中高端定制软体家具，在美国家居用品行业享有良好的声誉。

2018 年 11 月 21 日，美克家居分别对 SD 公司、TC 公司、RC 公司增资，增资后各持有 SD 公司、TC 公司、RC 公司 40% 的股权。美克家居计划通过此次并购将东南亚打造成北美市场的主要供应链，完善其供应链在全球的配置。

并购计划为美克家居带来了诸多好处。

首先，美克家居的跨国并购有利于优化配置其在全球的生产能力，降低生产成本。例如，M.U.S.T.公司的工厂设在越南，当地有着丰富的原材料资源，其劳动力成本、土地成本及能源成本均具有显著优势；Rowe公司定制沙发业务的制造运营成本也具有显著优势。并购完成之后，美克家居的美国全资子公司A.R.T.公司的设计环节可以与Rowe品牌所拥有的定制沙发业务进行优势互补；美国全资子公司Caracole公司的设计师业务客户群还可以与Rowe公司的定制沙发业务客户群形成协同效应，共享客户资源。

其次，有利于丰富品牌内容，打造公司多品牌矩阵。例如，所并购的M.U.S.T.公司旗下的Jonathan Charles是高端家具品牌，Rowe公司也是美国中高端定制软体家具生产商，这些品牌在国内外高端家具领域都拥有较高的知名度。因此，本次并购将有利于丰富和拓展公司高端奢侈家具品类，对公司高端制造资源形成强有力的补充，提升品牌影响力。

最后，有利于提升技术，弥补技术空白。美克家居收购Rowe公司之后，将会引入纯美式进口定制沙发业务，丰富公司现有家具产品结构，进一步满足定制家具消费市场的需求；同时又能解决布艺沙发不防水和去污难的痛点，弥补中国市场在此类技术方面的空白。

二、纵向并购

纵向并购也称为垂直并购，是指生产过程或经营环节相互衔接、密切联系的企业之间，或者具有纵向协作关系的专业化企业之间的并购，是同种产品不同生产阶段上的企业之间的并购。纵向并购的企业之间不是直接的竞争关系，而是供应商和需求商的关系。纵向并购是企业向其产品的加工环节和销售环节的一种延伸。

纵向并购可以促进企业形成一条完整的产业链，有助于企业生产经营各个环节的配合，扩大企业在市场上的势力。企业通过纵向并购可以直接控制供应商或者销售商，在产品的生产、销售过程中做到全方位控制成本。纵向并购可以使市场交易内部化，使生产、流通等环节密切配合，减少流通费用，并且由于产品从生产到销售都被掌控，企业能够拥有稳定的经营环境，大大降低市场风险。如钢材加工厂在并购了钢材原料厂后，便不再担心钢材的供应量问题，无论钢材价格如何改变，都会有充足的钢材供应。

三、混合并购

混合并购是指产品具有不同性质和种类，在经营上也无密切联系的企业之间的并购行为，其中目标企业与并购企业既不是同一行业，又没有纵向关系。换句话说，若并购企业与被并购企业分别处于不同的产业部门、不同的生产领域、不同的市场，且这些产业部门的产品没有密切的替代关系，并购双方企业也没有显著的投入产出关系，则这种并购就是混合并购。

混合并购是一个充满争议的商业行为，因为其带来的企业多元化经营的后果是不确定的。其优点体现在以下方面。第一，分散行业风险。混合并购使企业涉足新的领域，实现多元化经营，从而增强企业的应变能力。第二，产生协同效应。不同产业在经营上、财务上具有一定的互补性，再加上不同企业管理效率的渗透和互相影响，能够产生一定的协同效应。第三，增加新的利润增长点。如果企业想进入一个新领域,那么在新领域收购一家企业,直接了解其运作模式自然是很好的选择。

但是其缺点在于企业所并购的是自己完全陌生的领域的企业,企业没有人脉、信息、经验,一旦经营不善,便会使企业经营风险增大。把资金投向连自己也不确定的地方,只是简单地复制其他企业的经验,可能会对市场变化估计不足,最直接的后果就是导致企业财力分散,带来资金紧张,从而导致财务危机。

> **案例分析**:恒大通过多元并购进军新能源汽车领域
>
> 2018年是房地产企业的转折年,中国各大房地产企业都在不断开拓新的业务领域,进行战略转型。但是恒大直接跳出地产圈,进军与地产业务毫不相干的新能源汽车产业。
>
> 毋庸置疑,恒大作为一个地产企业,进军新能源汽车领域的劣势是缺少核心技术,但是恒大拥有足够多的资金、多样化的营销手段和丰富的管理经验,因此通过混合并购的方式收购全球领先的新能源汽车技术和产品,获取核心技术和资源便成了恒大的必然选择。
>
> 2018年6月25日,恒大集团旗下的恒大健康以67.46亿港元收购香港时颖公司100%的股份,成为Smart King第一大股东,Smart King是Faraday Future(以下简称"FF")的全资母公司。FF是全球新能源汽车领域的独角兽企业,其多项技术指标在全球新能源汽车领域已实现全面领先。但随后不久,恒大与FF的合作便因控制权的争执而告终。
>
> 2018年9月23日,恒大发布公告称,以144.9亿元人民币入股新疆广汇集团,获得该公司40.64%的股份,成为广汇集团第二大股东。广汇集团拥有世界第二、中国第一的乘用车经销网络,

汽车销售渠道非常强大，拥有大量销售网点，业务范围遍布全国及世界多个国家。

2019年1月2日，恒大注资1亿元成立恒大智慧充电科技有限公司，专注于新能源汽车充电桩等服务。

2019年1月15日，恒大以9.5亿美元的价格收购了NEVS 51%的股份，具备了世界级的电动车研发、制造、量产能力，由此获得发改委和工信部核准的中国新能源汽车整车资质。恒大称并购NEVS后将基于全新整车研发平台开发并推出涵盖入门级、中高端、豪华及超豪华级别的国际领先智能电动轿车、SUV等全系列多品牌产品。

2019年1月24日，恒大又收购上海卡耐新能源有限公司58.07%的股份，掌握了动力电池核心技术。上海卡耐新能源有限公司是国家动力电池和电池系统系列标准的主要制定者之一。至此，恒大在整车生产制造、动力电池供应、充电桩及汽车经销环节皆有布局。

2019年1月29日，恒大与世界巅峰跑车品牌科尼赛克组建合资公司，共同研发和生产世界顶级的新能源汽车。

2019年3月15日，恒大收购泰特机电有限公司70%的股份，而泰特机电100%持有荷兰e-Traction公司的股份，这就意味着恒大成功拥有了国际最先进的轮毂电机技术。e-Traction公司拥有6大组合超200项专利技术，覆盖电驱动动力系统的所有关键要素，是国际领先的轮毂电机及电动汽车传动系统的研发和生产企业，是全球首家具备商品化条件的轮毂电机企业。

至此，恒大已经完成在新能源汽车领域的全产业链布局，已具备世界顶级新能源汽车研发制造能力。

四、买壳上市

买壳上市主要是指非上市的企业或者资产置入到已上市的公司中，彻底改变上市公司的主营业务、实际控制人及企业名称，上市后在一定条件下再增发股份。所谓"壳"，就是指上市公司的上市资格。通常买壳上市的目标公司多是一些经营不善，不具备在证券市场进一步筹集资金的能力，需要进行资产重组的公司。

通常进行买壳上市（借壳上市）需要先取得壳公司的控制权，取得控制权的方式主要有三种：一是股份转让，拟上市公司与壳公司原股东签订协议转让股份，或者在二级市场收购股份以取得控制权；二是增发新股，向借壳方定向增发新股，并达到一定比例，使收购方取得控制权；三是间接收购，主要是通过收购壳公司的母公司，取得对壳公司的间接控制权。

取得壳公司的控制权后，就需要对壳公司进行资产重组。资产重组主要有两个步骤：第一，将借壳对象全部资产、负债及相应的业务、人员置换出去；第二，将企业全部或部分资产、负债及相应的业务、人员置入壳公司中，将全部资产置入则为整体上市，将部分资产置入则为非整体上市。

案例分析：中公教育的买壳上市之路

2019年2月21日，A股上市公司亚夏汽车发布公告，拟将公司中文名称变更为"中公教育科技股份有限公司"，至此中公教育完成借壳上市。

此次交易主要包括三个步骤：股份转让、资产置换和发行股份购买资产。

（1）股份转让。即上市公司控股股东亚夏实业向中公合伙人和李永新分别转让其持有的80000000股和72696561股亚夏汽车股票。其中，李永新等11名交易对方同意将与亚夏汽车进行资产置换取得的拟置出资产由亚夏实业或其指定第三方承接，作为中公合伙人受让80000000股亚夏汽车股票的交易对价；李永新以10亿元现金作为其受让72696561股亚夏汽车股票的交易对价。

（2）资产置换。亚夏汽车拟将除保留资产以外的全部资产与负债作为置出资产，这些拟置出资产作价13.5亿元，与李永新（中公教育）等11名交易对方持有的中公教育100%股权中的等值部分进行资产置换，拟置入资产最终作价185亿元。置换完成后，中公教育成为亚夏汽车全资子公司。亚夏汽车的保留资产有上海最会保网络科技有限公司18%的股权、安徽宁国农村商业银行股份有限公司7.81%的股份、12宗国有土地使用权及土地上附属的房产和在建工程。

（3）发行股份购买资产。上述资产置换中，拟置出资产最终作价13.5亿元，拟置入资产最终作价185亿元，两者差额部分由亚夏汽车发行股份向中公教育全体股东购买。本次发行股份购买资产的价格为3.68元/股，不低于定价基准日前20个交易日股票均价的90%。

综观整个买壳上市的过程，有很多值得称道的地方。例如，股份转让、资产置换、发行股份购买资产三步同时进行，使各方利益都得到了满足，亚夏实业获得了现金，中公教育买壳上市成功；资产置换可以使亚夏实业继续接手置出资产运作汽车业务；股份转让也大大减少了后续减持的压力。

五、管理层收购（MBO）

管理层收购起源于英国。牛津大学出版社出版的《商务词典》对管理层收购的解释为：管理层收购是指公司管理者收购公司的行为，通常为公司管理者从风险投资者手中回购股权，以取得公司控制权的行为。后来管理层收购逐渐发展成为公司的管理者或经理层通过所融资本收购本公司的股份，重组本公司，改变公司的所有权结构、控制权结构和资产结构，从而获得收益的收购行为。

管理层收购的主要投资者是目标公司内部的经理和管理人员，通过对公司的收购，他们由公司的经营者变为公司的所有者，并且可以获取公司的决策控制权、剩余控制权和剩余索取权。其中，管理层可以以自然人的身份持股，也可以由经营管理层组成管理层控股公司持股，非上市公司还可以由员工以职工持股会的名义持股。那些高管地位至关重要的行业通常采取管理层收购的方式，如制药、软件等基于深入研究的行业，公司股份通常会出售给专业的管理人员而非外部人员。

1999年，广东四通集团的管理层收购开启了我国资本市场管理层收购的先河，而后美的成为我国证券市场上第一家成功实现MBO的上市公司，之后越来越多的上市公司开始尝试管理层收购。

管理层收购激发了内部人员的积极性，降低了代理成本，促进了企业结构的调整。由于管理层更加清楚企业内部情况，因此管理层收购在改善企业经营状况等方面起到了积极的作用。另外，管理层收购可以帮助企业厘清产权，建立企业长期激励机制，因而它成为20世纪70—80年代欧美国家很流行的一种企业收购方式。

管理层收购的融资渠道主要有四个：一是银行借贷，通过股权质押的方式向银行借贷,这种方式成本较低;二是信托资金,《信托法》为管理层收购提供了可操作的融资工具,信托资金可以帮助企业解决资金的来源和安全性等问题;三是战略投资者或者风险投资者通过合理的融资方案,保证投资者资金和收益的安全,并制定合理的退出机制;四是股东单位提供资金。

> **案例分析:耀世星辉的管理层收购**
>
> 2018年10月26日,耀世星辉管理层发起管理层收购,购买当代东方所持有的耀世星辉的全部51%的股权。结合耀世星辉的财务状况以及市场整体情况,双方以2017年净资产为基数,最终确定股权转让价款总额为3939.18万元。耀世星辉管理层通过这种方式完成对当代东方持有的耀世星辉剩余股份的全部回购。
>
> 此次耀世星辉的管理层收购,预示着耀世星辉正式从当代东方脱离,实现独立发展,特别是在公司的市场战略、重大决策和业务布局等方面将拥有完全的自主权和话语权。管理层收购可以使耀世星辉的管理层和员工更直接地参与公司的运作、经营和管理,这将极大地调动员工的主观能动性,有利于公司与管理团队的稳定和发展。另外,此次管理层收购也向外界传递了管理层看好公司未来发展的信号,更能保障公司项目品质,更好地支撑公司在互联网方向的战略布局。

六、敌意收购:熊式拥抱

熊式拥抱是指收购人在发动收购前与目标公司董事会接触,表达收购的意愿,如果遭到拒绝,就在市场上发动并购。这是一种敌意收购,是没有得到被收购方同意的收购。一旦熊式拥抱的消息公开,套利者将会囤积目标公司的股票，他们也会卖空收购方的股票。熊式拥抱实际上是市场上的"先礼后兵"，收购人对目标公司可以说是势在必得，如果目标公司能够同意，那么双方友好地进行对话，商讨收购条件；如果不同意，就别怪收购人不客气了。即不管目标公司董事会是否同意，收购公司都会执意进行收购活动。所以虽有拥抱，却是大黑熊所给予的拥抱，力量很大，不容拒绝。

投机者大量囤积股票使发起熊式拥抱的收购方大规模购买被收购方的股票变得容易，也使目标公司维持其独立性变得更加困难。一般来说，熊式拥抱比较适合有可能通过协商达成并购交易的目标公司，这样做的好处是省时省力，也可以降低敌意收购可能带来的消极影响。

不过，如果目标公司强烈反对收购，则这一做法的意义不大，甚至会取得负面效果。因为熊式拥抱不排除其收购人短期行为的可能性，其意志很可能与公司的长期发展相违背。目标公司在发展中，其既有的人力资源、供销系统及信用能力等原本处在正常运营轨道上，可一旦被股东短期获利动机打破，企业的业绩势必会受到影响。如果目标公司的股东对于收购强烈抗议的话，那么可以想象收购方的到来必定会影响公司的正常经营。所以，如果目标公司的态度很强硬的话，也没有必要两败俱伤。

面对敌意收购，目标公司往往带有强烈的抵制情绪，通常会采取一些反收购措施来保护公司的控制权。

1. 反收购——毒丸计划

毒丸计划的正式名称为"股权摊薄反收购措施"，它是美国著名的并购律师马丁·利普顿（Martin Lipton）在1982年发明的。毒丸计划的最初形式是目标公司向普通股股东发行优先股，一旦公司被收购，股东持有的优先股就可以转换为一定数额的收购方股票，以达到稀释股权的作用。1985年末，利普顿对毒丸计划做了改进，将发行可转换的优先股改为向股东提供一个低价购买公司新发股票的期权。当公司遇到收购方的恶意收购，尤其是当收购方占有的股份已经达到一定比例时，公司高层为了不被夺走控制权，就会大量低价增发新股，让收购方手中的股份占比下降，以达到摊薄股权的目的，从而使收购方控股公司的目的无法实现。毒丸计划可以对恶意收购起到威慑作用，但会使公司的长期负债增加，从而使公司的经营风险增加。

2. 反收购——白衣骑士/白衣护卫

当某一公司成为其他公司的并购目标后（一般为恶意收购），公司的管理层为了避免其他公司的"恶意接管"，会去寻找一家友好公司进行合并，而这家友好公司就被称为"白衣骑士"。一般来说，受到管理层支持的"白衣骑士"的合并行为成功的概率很大，并且有些公司管理层会寻求机构投资者的资金帮助，使自己成为"白衣骑士"，实行管理层收购。"白衣骑士"通常会承诺不解散公司或不辞退管理层和其他雇员，目标公司则会向"白衣骑士"提供一个更优惠的股价。

"白衣护卫"与"白衣骑士"类似，但是前者不是将公司的控股权出售给友好公司，而是将公司很大比例的股票转让给友好公司。转让给"白衣护卫"的股票可以是优先股或普通股股票，如果是普通股股票，"白衣护卫"还需要承诺不会将这些股票出售给公司的敌意收购者。

3. 反收购——修改公司章程、金色降落伞

修改公司章程是阻止敌意收购的重要措施，目的是提高召开股东大会的门槛，增加恶意收购的难度，如董事提名权的限制、董事和高管资格的限制等，但通常修改公司章程会受到相关法律法规的

约束。

金色降落伞是指公司给予高管的一种特殊补偿,"降落伞"寓意高管可以在并购的变动中平稳过渡,但其目的还是提高收购公司的成本,增加收购的难度。但是在一些大型的并购中,金色降落伞带给恶意收购的成本其实还是很小的,因此金色降落伞的反收购效果有限。

下面我们以浙民投天弘收购ST生化这一案例,具体分析恶意收购以及反收购的策略。

案例分析:浙民投天弘以27亿元收购ST生化

(一)浙民投天弘发动收购的起因

在浙民投天弘发动对ST生化的收购前,浙民投体系就已经持有ST生化的部分股份(合计2.51%的股权),是ST生化前10大股东。那么浙民投天弘又为何要收购ST生化呢?主要有以下三点原因。

第一,ST生化的股权分散,原控股方振兴集团的持股比例比较低,其股份占公司总股本的22.61%,所以浙民投天弘通过要约收购不足30%的股票就可以成为第一大股东,这不仅可以减轻收购的资金压力,也绕开了第一大股东持股超过30%,上市公司必须采用累积投票制的上市规则。

第二,ST生化旗下的广东双林拥有稀有的血液制品生产资质,多年来为上市公司贡献了99%以上的营业收入。2001年起,国家不再新批血液制品企业,使得血液制品公司牌照成为稀缺资源。另外,广东双林拥有研发、生产、销售的全产业链经营能力,产品多项生产工艺技术获国家发明专利,市场占有率高,财务状况较为良好。血液制品龙头企业上海莱士拥有单采血浆站35家，年采浆能力近900吨，而ST生化拥有8家采浆站，未来的发展潜力巨大。

第三，振兴集团经营不善，近几年问题频发，如大股东债务危机纠纷、股改承诺无法兑现，以及接连出现违规为大股东提供担保等，使得ST生化被戴帽十几年，这十几年来ST生化并没有充分借助证券市场进行资本运作和引入外部资源。

（二）跌宕起伏的收购过程

虽然ST生化存在股权分散、治理不善等问题，但是浙民投天弘对ST生化的收购并不是一帆风顺，也是"大战多个回合"才取得上市公司的控制权。下面我们就来具体分析此次收购的过程。

第一回合：发起收购 VS 停牌重组

2017年6月21日中午12点半，浙民投天弘将要约收购报告书全套文件同时投递至上市公司、深交所和山西证监局，标志着对ST生化的收购正式开始。

为了确保股价不发生异常波动，经浙民投天弘与深交所沟通，上市公司以重大事项未公告为由，向深交所申请了午间停牌。6月21日下午，ST生化以公司存在"对股价可能产生较大影响、没有公开披露的重大事项"为由申请临时停牌，第二天申请继续停牌5个交易日。

直到6月27日，ST生化才公告浙民投天弘的收购报告书摘要和提示性公告。

让浙民投天弘没有想到的是，停牌竟被振兴集团所用。就在ST生化公告了浙民投天弘的收购报告书摘要的同一天，ST生化同时发布了一份重大资产重组停牌公告，向深交所申请停牌。到2017年9月21日，ST生化的资产重组无法延续，不得不公告终止重大资产重组，股票复牌。

第二回合：拒绝发公告VS以关联身份发布公告

直到2017年6月23日，ST生化都未曾披露要约收购报告书摘要，浙民投天弘联合中介机构第一时间向监管部门反映了上市公司拒绝履行信息披露义务的情况。

2017年7月4日，ST生化又拒绝发布浙民投天弘关于交易所问询函的回复公告，不免对市场形成误导，因此浙民投天弘的收购也遭到很多质疑。

为了维护自身权益，取得合法的发声途径，浙民投天弘以关联方身份向深交所申请通过深交所"股东业务专区"披露相关公告。深交所同意了浙民投天弘的申请，这也是深交所"股东业务专区"开通以来首例以关联方身份发布的公告。

面对浙民投天弘的举措，ST生化大股东振兴集团以一封举报信回应，举报浙民投天弘在要约收购公告中未提示自身持有ST生化的股票，属于隐瞒持股。但是举报信是通过上市公司信息披露直通车发布的，未经过深交所预审，所以半小时后举报信就被撤下。

第三回合：诉讼+举报VS否认+指责

2017年9月15日，振兴集团向山西省高级人民法院提起诉讼，认为ST生化第四大股东天津红翰是浙民投天弘的关联方，称浙民投天弘存在信息披露违规、利益输送和内幕交易等问题，请求判令其终止收购，并赔偿损失1.57亿元。

同时，振兴集团还向浙江省银监局举报民生银行和浙民投天弘，称民生银行为浙民投天弘办理了约14亿元的内保跨境融资业务，这违反了银监会关于不得向涉诉企业发放贷款的规定，并指出有悖于内保跨境融资贷款资金的用途限制——不得用于房地产、股市等监管限制的用途。

举报受理之后很长一段时间里，浙民投天弘均未做出回应，直到网络曝光之后，浙民投天弘才发布澄清公告，否认并购贷款违规，并指责振兴集团作为拟出股份的原第一大股东，不断干扰现任第一大股东合法行使股东权利。

在浙民投天弘的坚持下，举报和诉讼均未起到实际的效果。2017年11月2日，浙民投天弘公告了要约收购报告书，给予了股民33天的收购期限，最后的截止日期为2017年12月5日，要约收购正式进入33天窗口期。

第四回合："白衣骑士"VS舆论宣传

2017年11月29日，ST生化突然发布公告称，振兴集团将18.57%的股权以每股43.2元的价格转让给佳兆业集团旗下公司航运健康，将剩余4.04%的股权以抵偿债权的方式转让给中国信达资产管理公司深圳分公司；同时，信达深圳又将所获得的4.04%的股权表决权委托给航运健康，期限为1年。在转让完成后，航运健康持股比例达到22.61%，在浙民投天弘收购完成前，成为ST生化第一大股东。

半路杀出的佳兆业可谓振兴集团的"白衣骑士"，"白衣骑士"的出现给浙民投天弘的收购带来了巨大的困难。佳兆业受让的价格为43.2元，比浙民投天弘的价格高了20%，这一高出要约价格的转让价格向市场暗示要约价格过低，起到了扰乱市场投资人的作用，以影响公众投资人拒绝要约。

"白衣骑士"出现的时间也是经过精心策划，对于收购者浙民投天弘来说，已经没有反击的余地，因为根据《上市公司收购管理办法》第四十条的规定，"收购要约期限届满前15日内，收购人不得变更收购要约；但是出现竞争要约的除外"。此时距离浙民投天弘要约收购的最后期限只剩下6天的时间，而且佳兆业获取控制权并不属于竞争性要约。

再就是，对于投资人来说，根据要约收购规则，收购期的最后三个交易日股东不可撤回要约，这让很多公共投资者不敢轻举妄动，投资者也都害怕此时出手会将股票价格卖低。此时看来，浙民投天弘的收购前景变得不太明朗。

但是浙民投天弘仍然没有放弃，而是通过舆论宣传做出最后一搏。浙民投天弘通过公开发声来提示，佳兆业这次股权转让只是让大股东享有溢价的权利，和中小投资者没有关系，并且指出佳兆业可单方面解除协议、交易标的股权存在冻结情况等问题，向投资者列举了佳兆业的股权转让可能存在的风险。

（三）收购过程的反转

"白衣骑士"的出现让浙民投天弘无力反击。2017年12月4日，深交所公告显示，浙民投天弘的要约收购仅完成1840万股，与其7492万股的最终目标相距甚远，外界也似乎对浙民投天弘的收购不抱希望。

但最终，中小股东还是站到了浙民投天弘一侧。2017年12月5日，也就是浙民投天弘要约收购的最后一日，要约收购数量突然出现暴涨,净预售股份比例由 12 月 4 日的 24.56% 升至 195.607%,约有 1.28 亿股的股份在最后一天接受了浙民投天弘的要约收购。截至 12 月 5 日,浙民投天弘要约收购 ST 生化的预受要约股份数量达到 1.47 亿股,远远超过 7492 万股的要约收购目标。最终浙民投体系控制了 ST 生化 29.99% 的股权,宣告浙民投天弘的要约收购成功,浙民投天弘成为 ST 生化的第一大股东。

浙民投天弘此次要约收购是中国资本市场上第一个以公开要约的形式取得上市公司控制权的案例,中小投资者在这次收购案中积极行权、自主选择,参与率高达 75%,对要约收购的成功起了决定性作用,因此这次并购案也成为中小股东参与公司治理的典型案例,具有重大意义。

七、并购后的企业文化整合

企业文化是企业员工共同行为特征、沟通模式及精神面貌等意识形态的综合反映,具有较强的历史延续性以及变迁的迟缓性。由于所处的行业、产业、区域不同,以及所有制和历史文化的差异,不同的企业往往表现出独特的企业文化。

企业在对外并购之前,通常会考虑以下问题:并购的项目或团队能否很好地整合到企业平台上,被并购企业能不能与企业形成协同效应,被并购企业的管理者如果丧失积极性怎么办……这些问题的根源都在于并购后企业能否很好地进行文化整合。企业文化的独特性,决定了并购企业进行文化整合的必要性。加强文化整合是企业并购中提高管理工作效率的有效途径,如果忽视并购的文化整合过程,新旧文化之间就会发生摩擦和冲突,影响企业运营和商业目标的实现。

总的来说，企业文化的整合，就是不同的文化以各自原有的文化为基础，通过相互接触、碰撞、吸收、渗透、扬弃、创新和重塑，最终形成相互认同、融合、统一的符合企业变化和发展的新文化的过程。另外还要注意，因为不同的企业文化往往会长期共存并发生作用，并购后企业之间都要经历一定的磨合期，所以要注重企业文化整合的渐进性，不可操之过急。

可以说，几乎所有企业并购后的整合都会遇到一些障碍，不管这种障碍是来自文化冲突、工作节奏效率的差异还是领导管理方式的不同，而唯一的解决方法就是进行有效的交流。因此，在整合过程的早期，企业就应该建立交流特别工作组，推动整个文化整合的实施，并对实施中出现的问题及时进行沟通解决，从而消除员工、客户、供应商和所有其他主要股东的疑虑和不确定感。员工可以在交流工作组中提出自己的想法和建议，客户可以说出自己心中对新公司文化的不信任，供应商也可以告知其怀疑态度，而交流工作组则保证各类信息在正式渠道中的畅通，向企业并购所涉及的人员解释并购的方方面面。

常见的文化整合模式主要有融合式文化整合、注入式文化整合、促进式文化整合和保留式文化整合。

所谓融合式文化整合，是指并购双方企业发现新的文化（如文化创新），它适用于并购双方互相欣赏的情况。

所谓注入式文化整合，是指被并购企业服从并购企业（如文化一体），这种整合模式操作起来很难，只适用于被并购企业文化很弱且有认同感的情况。原因是当并购双方强弱分明，尤其是目标企业经营状况不佳时，并购企业的优势文化容易在目标企业内部获得认同，发挥主导作用。在这种模式下，优势核心企业将通过适当的方式和手段，强制地将本企业的精神文化、制度文化等内容导入目标企业，使被并购企业的弱文化受到优势企业强文化的冲击而被取代。但此模式是一种自上而下的文化整合，且完全以一种文化取代另一种文化，整合难度最大。因为一个企业完全抛弃它原有的文化转而适应一种新的文化，将对企业员工的思想形成很大冲击，增加整合失败的可能性。

所谓促进式文化整合，是指并购企业接纳被并购企业文化的合理部分（如文化吸纳）。

所谓保留式文化整合，是指被并购企业保留原有文化（如多元文化），但由于这种模式对并购方风险较大，并购方会对被并购企业进行干涉。

总而言之，要注重并购后企业文化的整合和交流，以提高企业并购后的整合效率，更大程度地实现协同效应。

第七节　资产重组

资产重组就是企业资产的所有者通过对其所控制的资产进行重新组合、合理划分和结构配置等，以使企业的发展出现新的良好变化。狭义的资产重组是指企业资产和负债的重新组合和调整；广义的资产重组还包括组织、人员和管理机制的重构和调整。

一、资产配置不合理的重组策略

企业经营者要及时发现企业存在的不合理的资产配置情况与企业新出现的不良资产。在对它们的风险进行准确评估之后，企业管理者要做出充分的预案与解决方案，以此来规避它们给企业带来的不利影响。

通常对于企业出现的不良资产，不适应企业长期发展战略、影响企业整体发展的资产，没有成长潜力的闲置资产等，可以采取资产剥离的方法（见图5-15），优化企业资产配置，更加集中地配置有优势、有潜力和有战略意义的资产，从而提高企业资产质量，增强企业竞争实力。

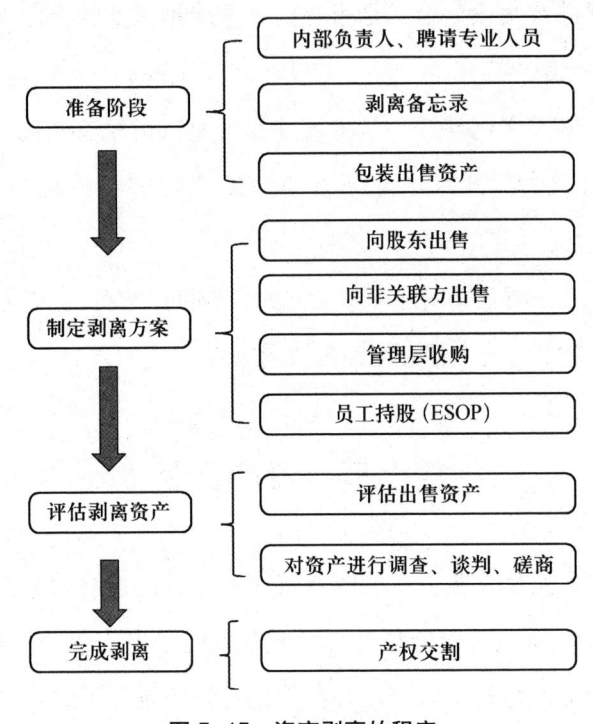

```
准备阶段 ── 内部负责人、聘请专业人员
          ── 剥离备忘录
          ── 包装出售资产
    ↓
制定剥离方案 ── 向股东出售
            ── 向非关联方出售
            ── 管理层收购
            ── 员工持股（ESOP）
    ↓
评估剥离资产 ── 评估出售资产
            ── 对资产进行调查、谈判、磋商
    ↓
完成剥离 ── 产权交割
```

图 5-15　资产剥离的程序

目前，越来越多的公司更加注重行业龙头效应，放弃规模小且与核心业务没有协同的业务，专注企业主营业务，将出售非核心业务作为企业增长和战略转型的重要方式。

二、组织架构不合理的重组策略

企业如果出现组织架构不合理、产业结构混乱、生产流程不顺畅等状况，也需要进行资产重组。企业内部组织结构的混乱与日常经营的无序会严重影响企业的运营效率，从而对企业的外部形象造成负面影响。因此，管理者要通过资产重组来优化企业内部的组织结构，从而使企业以更好的形象出现在外人面前。

例如，作为道琼斯指数12家初始公司之一，曾经一度市值第一的美国通用电气，于2018年6月26日被剔除出道琼斯指数，沃尔格林（Walgreens）取而代之。面对经营不善、利润下滑的态势，通用电气启动了资产剥离计划。

2018年5月，通用电气同意将机车业务出售给Wabtec公司；2018年6月25日，通用电气将工业燃气电机业务出售给美国私募安宏资本；2018年6月26日，通用电气分拆医疗保健业务，同时宣布在2~3年内退出对油气公司贝克休斯的持股。这样除了金融子公司外，通用电气的七大业务只剩下电力、航空、可再生能源三大业务。

三、产业结构不清晰的重组策略

企业如果出现资产不良、产业结构不清晰等现象，也需要进行内部整改。对于内部出现轻度不良资产或产业结构问题不太严重的企业，应当通过必要的改进措施予以解决。而当企业不良资产较为严重或产业结构存在严重问题时，如企业业务出现严重亏损或负债比例较高，企业就应当进行大刀阔斧的改革，必要时可以彻底将它们清除出去，以免影响公司其他业务的发展；同时获取现金流，改善债务状况，减轻财务负担，改善企业资产流动性和活力。

例如，2017年360借壳江南嘉捷（601313.SH）登录A股的资产架构中，手机业务并不包括在内，公司主要业务是互联网技术研发等。曾被周鸿祎重点管理的手机业务，即便曾被赋予重要意义，但因其一年亏损好几亿，为了企业长远发展，还是从上市体系中剥离。

四、出现产业空缺或短板的重组策略

如果企业出现产业空缺或短板，企业就需要将旧的资产剥离，置换成新资产。或者企业在发展的过程中调整主业，将原有不具有竞争优势的主营业务，替换为有发展前景、符合市场经济发展趋势的新业务，收购新资产，剥离旧资产，对企业的主营业务进行战略性调整。

例如，智度投资曾为传统制造企业，但是公司看准了目前互联网行业的发展，想要转变企业发展方向，于是在不断剥离旧资产的过程中并购互联网资产。随着主营业务的改变，智度投资由传统的制造业公司成功转变为一家移动互联网公司。

案例分析：中原特钢的资产重组

中原特钢是一家从事工业专用装备及大型特殊钢精锻件生产的国有企业，2006年在深证证券交易所上市。虽然中原特钢在中高端产品领域具备一定的技术优势，但仍然抵挡不住钢铁产业产能过剩的大趋势，业绩不断下滑。自2012年后，企业连续多年亏损，虽然2016年实现盈利，但经营仍未得到根本性改善。2018年，连续两年亏损的中原特钢面临被ST的命运。由于依靠其自身的力量在短期内扭亏为盈的难度较大，此时中原特钢亟须进行资产重组。

另外，中粮资本一直在寻求上市。对于中粮资本来说，中原特钢正是绝好的上市平台，两者股权结构、持股比例等较为相符，再加上均为国有企业，两者的"联姻"还能实现资源共享。

2017年10月26日，中原特钢宣布停牌。

2018年2月27日，中原特钢将所持除特钢装备100%股权外的其他资产及债权债务划转至特钢装备，进行公司内部重组活动，剥离公司资产。

2018年4月13日，中原特钢原控股股东兵装集团将所持中原特钢约3.39亿股无偿划转至中粮集团，中粮集团便持有中原特钢67.42%的股份，中原特钢变成中粮集团上市公司。

2018年4月24日，中原特钢发布公告，拟将所持全部资产及负债整体置出，由中粮集团承接，并与中粮集团所持中粮资本64.51%股权的等值部分进行置换，此次资产置换作价约16亿元；对于中粮资本剩下35.49%的股权，中原特钢向弘毅弘量、温氏投资、首农集团、结构调整基金、宁波雾繁、航发资产、上海国际资管等发行股份购买，该部分资产作价约195亿元。至此，中粮资本全部置入中原特钢的上市平台。

2018年12月3日，证监会审核通过中原特钢的重大资产置换以及发行股份购买资产等方案。

此次重大资产置换完成之后，中原特钢将完全控股中粮资本，并间接控股中粮资本下属相关金融企业的股权，从事相应的金融牌照业务，其原有资产将全部剥离。

中原特钢除了名称未改变外，实质已经由原来的钢铁企业转型为以中联资本为主体，业务涵盖信托、期货、保险、银行等多项金融业务的投资控股平台。中原特钢不仅置出盈利能力较弱的资产，注入优质的资产，实现"脱胎换骨"，还将摆脱持续亏损的困境，改变自身财务状况。

第六章 企业家如何打造强大的团队

第一节 管理团队

一、管理团队的概念

良好的管理团队是企业成功的重要因素。所谓团队，是由为数不多的、相互之间技能互补的、具有共同信念和价值观、愿意为共同的目的和业绩目标而奋斗的人组成的群体。而管理团队，则是以从事企业管理为主要职能的团队，也即通常所说的企业管理层。横向来看，主要包括人员管理团队、资金管理团队、业务管理团队等；纵向来看，一般划分为高层管理团队、中层管理团队和基层管理团队三类。我国企业管理层包括董事会、监事会和经理层，但也可能是董事或监事同时负责经理层管理任务。

如表6-1所示，群体与团队的差异非常明显，主要体现在业绩、目标、领导和决策方式上。例如，群体业绩是成员业绩的简单代数和，而对于团队来说，团队业绩大于成员业绩的代数和，这说明团队的层次比群体高，团队通过优秀的组织领导有计划地去奋斗，从而达成更高的目标。

表 6-1　群体与团队的区别

指标	群体	团队
业绩	成员业绩的简单代数和	团队业绩大于成员业绩的代数和
目标	大家完成工作目标	有计划地完成更高的目标
领导	监工式的领导	优秀的组织领导
决策方式	集中个人决策	共同参与决策

企业发展壮大的基础是团队的构建，团队管理是企业成功的基础，高效的管理团队是企业资本运营成功的保障。在早期的天使投资和风险投资中，投资者看重的就是人，是团队。例如，阿里巴巴在创立的早期是一个只有 18 个人的团队，而如今已经发展成为市值达几千亿美元的互联网企业，正是团队的力量促使阿里巴巴走向成功。

美国组织行为学专家斯蒂芬·P. 罗宾斯教授认为，高效的管理团队应具备以下特征：清晰目标、相关技能、相互信任、共同诺言、良好沟通、谈判技能、合适领导、内外支持。简单来说，就是权为民主、活力创新、团队互补。

下面介绍一下贝尔宾团队角色理论，该理论是由英国团队管理专家梅雷迪思·贝尔宾提出的。依据成员所表现出来的个性及行为特征，他认为一个合理的团队应该由 3 大类、9 种不同的角色组成，分别是完成者、执行者、塑造者、协调者、资源调查者、协作者、创新者、专家、监控评估者，他们分别负责行动导向（执行团队任务）、人际导向（协调内外部人际关系）、谋略导向（发想创意）三类任务活动。

然而，在真实创建团队的过程中，通常不会有这么多的角色，但是该理论帮助人们认识到：一个成功的团队是由不同能力和角色的成员所构成的，不同的成员在认识自我能力和特质的基础上，找到适合自己的团队角色，形成优势互补；团队中的每个角色都很重要，团队管理者要用人所长，将合适的人安排在合适的岗位，让每个人都能发挥自己的效用；要尊重团队不同角色之间的差异，善于包容团队成员的不足。

二、成功团队（唐僧师徒）模式

成功团队有四大模式，分别是混合型团队、分享型团队、超级明星团队、高智商团队。①混合型团队：团队成员扮演实干者、协调者、监督者、凝聚者、完美者等不同角色，是最可靠的成功团队；②分享型团队：团队成员稳定外向，扮演的角色基本相同，成员之间沟通良好；③超级明星团队：管理者的智力和创造力无人能敌，虽然成功的可能性很大，但失败的可能性也很大；④高智商团队：由一批高智商人员组成，有足够的资源应付困难和问题，缺陷在于资源较难被正确运用，只有在确定了正确的管理者人选、营造了合适的文化氛围后，才会比较容易取得成功。

那么，成功团队应该具备哪些因素呢？

首先，目标明确，即团队要具有统一的价值观。一个成功的团队要有共同的价值观，有着非常明确的共同目标，每个成员对所从事的事业要有高度的认同感和使命感，团队成员之间有强烈的共识。

其次，团队角色互补，结构合理。团队成员之间要明确分工，协调一致，如企业的高级管理团队中要有负责营销、财务、技术和营运等各个方面的人才，在能力和专业技能上形成互补。

最后，优秀的领导者带领团队。领导者对于团队起到"定心丸"的作用，一个优秀的领导者不仅对下属具有权力上的约束，还有人格上的感染，这样能够有效提高团队的凝聚力和忠诚度。领导者要对团队成员有足够的信任，这是团队稳定的基础。

下面我们以唐僧师徒组合来深入了解这三个因素所发挥的作用。

唐僧师徒组合是一个典型的混合型团队，也是一个成功的团队。

首先，具有明确的目标，即到西天取经。师徒四人目标明确，明知路途坎坷，磨难重重，仍然坚持去西天取经。而且各自心中都有信念激励：唐僧去西天取经为的是参悟佛道，普度众生；孙悟空是为解牢狱之苦，重获自由；猪八戒是想重回天庭，找回尊严；沙和尚是为解锥心之痛——据说他在流沙河的时候，每七天就会从天上落下一把剑，刺向他的心。

其次，团队分工明确。唐僧负责领导团队，是整个团队的主心骨，掌控全局，带领团队完成取经目标；孙悟空武艺高强，具有火眼金睛，且行动快，负责降妖除魔，保大家安全，当需察看是否有妖怪时，唐僧总是派他打头阵；猪八戒伶牙俐齿，风趣幽默，脸皮厚，善于调和团队关系；沙和尚吃苦耐劳，对师父忠心耿耿，承担看行李、担行李等工作，这类人员通常是企业员工的典范，企业对于这样的人，可以给予行政、人事、质量管理、客户服务等方面的职位。

最后，拥有优秀的领导者。唐僧作为团队的领导者，目标明确，意志坚定，虽历经磨难，但取经之心从不动摇，因此一个团队的领导者也应该坚定不移地信守公司文化，以身作则，带领团队实现目标；唐僧拥有紧箍咒，这就代表了其在团队中的权威，因此团队的领导者也应树立权威，以权制人，但不能滥用权力，要有奖有惩；唐僧具备沟通和协调能力，这在中国人情社会的背景下更为重要，做事先做人，因此一个团队的领导者要善于与团队成员进行沟通，与下属达成情感认同。

第二节　绩效考核的有力工具：绩效透视

绩效考核的工具不少，如平衡计分卡、目标管理等。有了工具和方法，企业就可以提高效率。这里特别介绍一下笔者研究的一套方法，称为绩效透视。

企业做到一定程度，必须要考核绩效。把绩效考核比喻成绩效透视，是因为想到透光镜的特性是可以让光线通过，通过凸透镜会使光线折射，从而产生一个实影像，这决不像反光镜只能反射光线，产生的只是虚拟影像（见图6-1）。

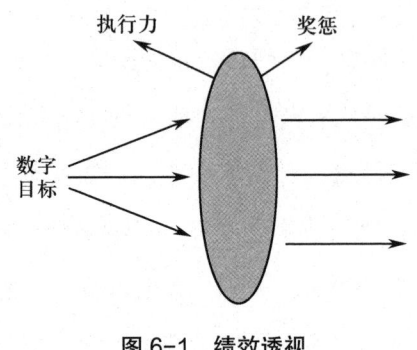

图 6-1 绩效透视

企业年度确定的目标通过两大措施来实现：一是执行力，依靠制度加检查；二是奖惩。到年底达到实际目标有一个跨越，而最佳跨越就是没有差距，像透光镜的效果一样。笔者设计的绩效透视内容分成三步。

（1）射击理论：数字目标。

（2）长枪理论：执行力。

（3）赛马理论：电网奖惩。

绩效透视的作用主要体现在以下几个方面。

第一，达成目标。绩效透视本质上是一种过程管理，而不仅仅是对结果的考核。它将企业中长期规划细化为数字目标、执行力和奖惩指标，不断督促员工完成过程、实现目标。有效的绩效透视能帮助企业更上一层楼。

第二，挖掘问题。绩效透视是一个制订计划、执行、检查、处理的循环过程，也是一个不断发现问题、改进问题的过程。

第三，员工激励。不与利益挂钩的考核是没有意义的，员工工资一般分为两个部分，即固定工资和绩效工资，绩效工资的分配应与员工的绩效考核结果密切联系。

通过绩效考核，将员工聘用、职务升降、培训发展、劳动薪酬相结合，可以使企业激励机制得到充分运用，有利于企业的健康发展，对于员工本人而言，也便于建立自我激励的心理模式。

第四，促进成长。绩效透视的最终目的并不是单纯地进行利益分配，而是促进企业与员工共同成长。通过绩效考核，应发现问题、改进问题，找到差距予以弥补，最后达到双赢。

一、射击理论：数字目标

射击理论告诉我们：当我们对准靶心，有了具体的射击目标后，经过不断训练，总会成功。同样，企业要成功，必须明确设定目标，把每年的目标分解成具体的数字。要着重考虑一些关键绩效指标，即KPI指标。如财务指标，包括销售收入、现金回款、成本、毛利率、税后利润、应收账款等；又如客户指标，包括客户流失率、客户满意度、客户开发力、客户投诉率等；还有产品指标和管理指标等。其中管理类数据不易获得，公司通常需要建立相应的管理机制，明确相关责任人，进行日常记录，收集数据。

为便于落实，每项指标都要有明确的数字，这些数字目标要适度，并有一定的挑战性。要提倡"千斤重担人人挑"，动员企业所有的职能部门去完成。每个人都有目标，每周都要追踪进程，加以调整。此外，还要根据以前的经验和过去的数据及市场投资规划和趋势，做好预算管理。

设立详细的目标和具体的任务指标非常重要。曹操的"望梅止渴"就是运用目标的经典案例。制定目标看似是一件简单的事情，但是如果上升到企业层面，必须满足以下原则：目标必须是具体、可以衡量、可以达到的，并且是相互联系的。通常工作目标是上级安排的任务、为了完成 KPI 所要采取的重要策略或者对部门有重大意义的工作。

只有制定明确详细的目标，企业才能生存、发展和繁荣。一个发展中的企业要尽可能满足不同方面的需求，这些需求和员工、管理层、股东、顾客相联系。高层管理者负责制定企业主要的总体目标，然后将其转变为不同部门和活动的具体目标。

总之，目标是行动的方向。对企业来说，可行、准确、细化的目标可以引导企业进行高效的经营运作，对企业经营管理的改善和经济效益的提高具有重要意义。

二、长枪理论：执行力

长枪理论告诉我们：将子弹放到短枪，虽然射程短，却容易脱靶；将子弹放到长枪，虽然射程远，却容易中靶。这是因为子弹在长枪枪管中不断受到制约，不断受到"调教"，从而按照规定的轨迹射向靶心。同样，企业要达到预期效果，就要加强执行力，进行检查、落实与评估。要拥有执行力，就是依靠制度加检查。光有好的制度还不行，要不断检查，检查就是帮助。一般来说，员工只会重视做要检查的事。

因此，从这个意义上说，一个企业若没有执行力，即使成功也是靠运气，但最终会失败。

三、赛马理论：电网奖惩

赛马理论告诉我们：赛马冠军和亚军看起来几乎一样快，但如果放大镜头去观察，就会发现冠军比亚军快一秒或快一步，虽然只有一秒或一步之差，但是冠军的报酬是亚军的20倍。要知道，快一秒或快一步，要付出诸多辛苦和代价。同样，企业要发展，在管理上必须奖惩分明。这需要有一个前提，那就是企业要设立"电网"。所谓"电网"，就是最低极限标准。企业还要形成好的机制，这样即使是坏人或许也会变好。

良好的奖惩制度对于企业和员工都至关重要，企业应从以下几个方面完善奖惩机制。首先，奖惩的标的物最好是物质和精神的结合。中国俗语道，"要让马儿跑，得让马儿先吃草"。公司应当拿出相当一部分资金，根据员工的贡献设定一定比例的物质奖励。当然，形式上不一定只是现金，也可以是对员工进修和深造的支持，这不仅可以增加员工上升的潜力，也可以让公司收获更有能力的员工。其次，在加强奖励的同时重视惩罚。对员工的懈怠和失误要设定惩罚规则，但太过严苛的规则会事与愿违。所以在严格考核的同时，对员工的错误还要报以宽容的态度和教导的胸怀，以增加员工对企业的归属感和认同感。

第三节 执行力"领导3+3模式"

要提高执行力，高管和中层必须明确自己应该做什么。这里笔者设计了"领导3+3模式"，意思是要经常问下属三句话，这包括高管对中层、中层对基层，同时要问自己三句话。时常坚持这么做，效果就会显现出来。

一、问下属三句话

（1）表达安居乐业：你工作愉快吗？有什么地方不满意？

（2）表达扬长避短：用到了你的长处吗？有什么地方疏忽了？

（3）表达人尽其才：分配给你的工作岗位满意吗？需要调换吗？

问员工的三句话说明中高层领导要有换位思考的能力，为员工考虑，了解员工的困难和能力特长，并积极满足员工的需求，使员工各司其职，在发挥个人最大潜力的同时实现企业整体效益最大化。

二、问自己三句话

（1）表达明察秋毫：你是否知道下级主管有意在蒙你？

（2）表达日新月异：你是否及时跟进、反馈和调整？

（3）表达优胜劣汰：你是否提拔真正有执行力的干部和主管？你的奖惩有效果吗？

问自己的三句话正是对自己执行力的考核和检验，了解企业经营的点点滴滴。在掌握下级主管业务动态的同时，可以对其能力和诚信有一个充分的认知；而对项目的及时跟进是对领导者工作主动性的要求，能重复和坚持是领导者具有执行力的表现；最后一句话则是考察领导者的用人能力，领导者提拔下属的能力也代表了其执行力。

其实，笔者认为执行力的要诀就是：

简单、简单、再简单；

重复、重复、再重复；

检查、检查、再检查；

坚持、坚持、再坚持。

中高层领导必须坚持原则、坚持正义、牢记职责和使命，这样才能激发员工的工作热情和创造力，才能树立正气，继而提高执行力。

案例分析：华为的人才战略

综观全球众多科技型企业，华为毋庸置疑是成功的典范。巨大的研发投入是华为成功的基础和前提，但技术最终还是由人创造，投入归根到底还是由人转化成创新。下面我们就来具体看看华为的人才战略。

华为重视人才管理，因为华为是一家主要依靠知识劳动者和企业家创造价值的公司。任正非就多次提到人才的重要性："人才不是华为的核心竞争力，对人才的管理能力才是。""一个有创造性的人才可以为公司带来更多的客户。"华为第一任人力资源副总裁张建国曾说："华为最厉害的地方是用人，（华为）也是最早搭建人力资源体系并提出人才'知本论'的中国公司。"

华为建立了完善的员工培训体系。任正非强调实行"低重心"培训策略，提出"重视普通员工、普通岗位的培训"。华为员工培训体系包含各个方面和工种，力求每一个人、每一件工作都有基本功，具体包括新员工培训系统、管理培训系统、技术培训系统、营销培训系统、专业培训系统和生产培训系统。培训的方式也是多样的，有课堂教学、案例教学、上机操作、工程维护实习和网络教学等。另外，华为不仅重视岗前培训和在岗培训，还重视下岗培训和适时培训，以使员工的知识和能力不断跟上时代和企业发展的需要。

华为重视人才引进，广纳人才。华为的人才并不局限于国内，而是来自全球各地，如华为财经体系的数百名人才来自牛津、剑桥、哈佛、耶鲁等著名大学。目前华为拥有的员工中，外籍员工占有非常大的比例。这些人才增加了华为人才队伍的多元性，也使华为文化更加具有包容性和创造性。

华为用顶级的薪酬吸引顶级的人才。华为的高收入是众所周知的，1997年华为建立了一套自己的薪酬分配体系，包含岗位所需知识、岗位应负责范围、岗位解决问题难度、员工未来可发展性和员工近期所做的贡献等要素。任正非曾说："钱给多了，不是人才也变成了人才。"2019年7月，任正非签发了一份总裁办电子邮件，宣布对部分2019届顶尖毕业生实行年薪制管理，年薪从100万元到200万元不等，这一薪资决定引起了各方关注。

华为较早使用内部期权。华为没有上市，所有的股份由大多数华为内部员工持有。华为在很早就开始使用内部期权，主要是根据员工的历史贡献以及未来发展潜力给予员工"虚拟股"，用来激励员工创造更多的价值，与企业共进退。从2014年开始，华为开始推行TUP模式，即奖励期权计划，它是现金奖励的递延分配，相当于预先授予一个获取收益的权利，但收益需要在未来五年内逐步兑现。奖励期权计划是在奖金之后，但在股东分红之前，这很好地平衡了新老员工的薪酬，体现了以奋斗者为本的人才管理理念。任正非曾说："华为没有可以依存的自然资源，唯有在人的头脑中挖掘出大油田、大森林、大煤矿……"这也正是华为舍得以高薪聘请人才的原因所在。

参考文献

［1］曹灵芝，孙国翠．品牌个性研究述评［J］．经济研究导刊，2009（15）．

［2］曾朝晖．品牌15步法则［M］．北京：中华工商联合出版社，2004．

［3］陈劲，杨晓惠，郑贤榕，等．知识集聚：科技服务业产学研战略联盟模式［J］．高等工程教育研究，2009（4）．

［4］陈翔．私募合伙人：有限合伙私募股权基金治理［M］．北京：法律出版社，2018．

［5］褚峻．企业品牌管理案例［M］．北京：中国人民大学出版社，2015．

［6］戴宏伟．中国制造业参与国际产业转移面临的新问题及对策分析［J］．中央财经大学学报，2007（7）．

［7］邓德隆．品牌战略方法的三次演变［M］//邓德隆．2小时品牌素养．2版．北京：机械工业出版社，2009．

［8］冯帼英，林升梁．品牌资产积累十八法［M］．厦门：厦门大学出版社，2006．

［9］高卓，张媛媛．私募股权基金实务［M］．北京：法律出版社，2019．

［10］耿乃凡．江苏省服务业、服务贸易的特征及对策分析［J］．国际贸易问题，2007（10）．

［11］关方鹏．企业与人体系统之比较［J］．当代经济管理科学，2008（6）．

［12］郭小川．合作技术创新［M］．北京：经济科学出版社，2001．

［13］何建湘．企业文化建设实务［M］．2版．北京：中国人民大学出版社，2019．

［14］华鹰．企业技术创新与知识产权战略［M］．北京：科学出版社，2013．

［15］黄志伟．华为管理法：任正非的企业管理心得［M］．苏州：古吴轩出版社，2017．

［16］金景波．资本暗战［M］．武汉：湖北人民出版社，2007．

［17］科特，赫斯克特．企业文化与绩效［M］．王红，译．北京：中信出版社，2019．

［18］蓝海林，张明，宋铁波．"摸着石头过河"：动态与复杂环境下企业战略管理的新诠释［J］．管理学报，2019（3）．

［19］蓝海林．企业战略管理［M］．3版．北京：科学出版社．2018．

［20］李纪珍．研究开发合作的原因与组织［J］．科研管理，2001（2）．

［21］李姝，王笑之，翟士运．客户集中度、产权性质与营运资本决策［J］．财经问题研究，2017（6）．

［22］李亚．赢销战［M］．北京：中国财政经济出版社，2004．

［23］李勇坚．经济增长中的服务业：理论综述与实证分析［J］．财经论丛，2005（5）．

［24］李媛，陈金国．Homedepot之争——家世界、东方家园、宜家经营案例分析［J］．招商周刊，2003（23）．

［25］里斯．聚焦：决定你企业的未来［M］．寿雯，译．北京：机械工业出版社．2014．

［26］刘文楷，潘爱玲，邱金龙．企业生命周期、企业家社会资本与多元化并购［J］．经济经纬，2017（6）．

［27］马璐．中小企业技术创新与知识产权战略［M］．北京：经济管理

出版社，2018.

[28] 孟庆斌，李昕宇，张鹏.员工持股计划能够促进企业创新吗？——基于企业员工视角的经验证据[J].管理世界，2019（11）.

[29] 钱龙，何永芳.中国服务业制造化的产业绩效研究——来自世界投入产出表的经验证据[J].经济经纬，2019（1）.

[30] 邱尊社.公司并购论[M].北京：中国书籍出版社，2007.

[31] 施炜.管理架构师如何构建企业管理体系[M].北京：中国人民大学出版社，2019.

[32] 宋振东，雷宏振，兰娟丽.产业集聚促进区域内企业融资了吗？——来自汽车制造业上市公司数据的证据[J].经济经纬，2019（5）.

[33] 单仁.全网生态营销：移动时代企业品牌"自传播、自生长"高效盈利系统[M].广州：广东人民出版社，2017.

[34] 孙福全，陈宝明，王文岩，等.主要发达国家的产学研合作创新——基本经验及启示[M].北京：经济管理出版社，2008.

[35] 王建平，吴晓云.网络位置、产品创新战略与创新绩效——以中国制造企业为样本[J].经济与管理研究，2020（1）.

[36] 王维，刘岗.市场营销学[M].北京：经济科学出版社，2004.

[37] 王小明.国际产业转移与我国制造业的发展战略[J].财经问题研究，2008（7）.

[38] 王玉梅，等.知识溢出与创新型企业技术创新空间效应研究[M].北京：经济科学出版社，2017.

[39] 吴娜，于博，陈玉.经济周期对营运资本的自然治理效应[J].经济学动态，2019（11）.

[40] 项保华.活着：企业战略决策精髓［M］.北京：企业管理出版社，2016.

[41] 肖顿.反直觉［M］.谷小书，译.北京：北京联合出版有限公司，2019.

[42] 谢地.中国民营企业发展系列报告——中国民营企业品牌建设报告［M］.北京：中国经济出版社，2015.

[43] 熊彼特.经济发展理论［M］.何畏，易家洋，等译.北京：商务印书馆，1990.

[44] 徐二明，李维光.中国企业战略管理四十年（1978—2018）：回顾、总结与展望［J］.经济与管理研究，2018（9）.

[45] 薛云建，王燕茹，邹丽敏.企业营销管理［M］.北京：科学出版社，2006.

[46] 杨威，赵仲匡，宋敏.多元化并购溢价与企业转型［J］.金融研究，2019（5）.

[47] 余明桂，范蕊，钟慧洁.中国产业政策与企业技术创新［J］.中国工业经济，2016（12）.

[48] 翟淑萍，孙雪娇，闫红悦.企业战略激进程度与债务期限结构［J］.金融论坛，2019（12）.

[49] 张婧，蒋艳新.产业服务企业品牌导向对品牌资产的影响机制研究［J］.管理评论，2016（3）.

[50] 张晓岚.营销诡道——成长型企业市场销售谋略实录［M］.北京：电子工业出版社，2017.

[51] 郑才林，李世新，张耀谋.海南省发展现代服务业的路径选择［J］.当代经济，2009（6）.

[52] 仲伟俊，梅姝娥.企业技术创新管理理论与方法［M］.北京：科

学出版社，2017.

[53] ABRIL C, SANCHEZ J, GARCÍA-MADARIAGA J. The effect of product innovation, promotion, and price on consumer switching to private labels[J]. Journal of marketing channels, 2015（3）.

[54] ARIKAN A M, STULZ R M.Corporate acquisitions, diversification, and the firm's life cycle[J]. The journal of finance, 2016（71）.

[55] BARTON S L, GORDON P J. Corporate strategy and capital structure[J]. Strategic management journal, 1988（6）.

[56] BAUMOL W J, BLACKMAN S A B, WOLFF E N. Productivity and American leadership: the long view[M]. Cambridge: The MIT Press, 1989.

[57] CHEMMANUR T J, LOUTSKINA E, TIAN X. Corporate venture capital, value creation, and innovation[J]. Review of financial studies, 2014（8）.

[58] CHNG D H M, SHIH E, RODGERS M S. Managers' marketing strategy decision making during performance decline and the moderating influence of incentive pay[J].Journal of the academy of marketing science, 2015（43）.

[59] CHRISTENSEN C M, SCOTT C, TADDY H.Marketing malpractice: the cause and the cure[J]. Harvard business, 2005（12）.

[60] DOROTHY R I. Service-led growth: the role of the service sector in world development [M].New York: Praeger, 1986.

[61] HSIAO S H. PTE, innovation capital and firm value interactions in the biotech medical industry[J]. Journal of business research, 2014（12）.

[62] JENSEN M C, MECKLING W H. Theory of the firm: managerial

behavior, agency costs and ownership structure[M]. New York: Social Science Electronic Publishing, 1976.

[63] LYYTINEN K, YOO Y, BOLAND R J. Digital product innovation within four classes of innovation networks[J].Information systems journal, 2016（1）.

[64] PORTER M E. Competitive advantage: creating and sustaining superior performance[M].New York: The Free Press, 1985.

[65] PORTER M E. Competitive strategy: techniques for analyzing industries and competitors [M].New York: The Free Press, 1980.

[66] PORTER M E. The competitive advantage of nations[M].New York: The Free Press, 1990.

[67] RAA T T, WOLFF E N. Outsourcing of services and the productivity recovery in U.S. manufacturing in the 1980s and 1990s[J]. Journal of productivity analysis, 2001（2）.